DIE
REINE LUFT
DER
FREIHEIT

Geschichten von

Frédéric Bastiat

nacherzählt von

M. Ehrlich

Money does not represent such a value as men have placed upon it. All my money has been invested into experiments with which I have made new discoveries enabling mankind to have a little easier life.

Nikola Tesla

Geld besitzt nicht den Wert, den ihm die Menschen gemeinhin zuschreiben. Mein ganzes Geld steckte ich in Experimente, die zu Entdeckungen führten, dank derer die Menschheit ein leichteres Leben genießt.

INHALT

1

DREI SYSTEME – EINE SACHE

Was ist Raub? Frei von Emotionen versteht man darunter das Gegenteil von Eigentum. Wird ein Teil des Reichtums vom Besitzer ohne dessen Zustimmung und ohne Entschädigung gewaltsam oder durch Betrug auf andere übertragen, dann wird sein Eigentum verletzt und man spricht von Raub.

Das ist genau das, was das Gesetz eigentlich ja unterbinden sollte. Wenn aber das Gesetz Raub ausdrücklich gutheißt und damit unterstützt, dann ist dieser Angriff auf das Recht noch gravierender.

In diesem Fall nämlich ist die Person, die einen Teil der Beute erhält, nicht für den Raub verantwortlich. Die Verantwortung liegt beim Gesetz, beim Gesetzgeber und bei der Gesellschaft. Darin liegt die politische Gefahr.

Niemand bezweifelt den Eifer all jener, die Demokratie, Sozialismus und Kommunismus befürworten. Wir wollen lediglich darlegen, daß Demokratie, Sozialismus und Kommunismus dieselbe Pflanze in unterschiedlichen Phasen ihres Wachstums ist. Man kann sagen, daß Raub im Kommunismus am deutlichsten wahrgenommen werden kann, und zwar weil er einfach allgegenwärtig ist. Die Demokratie dagegen schützt den Raub gesetzlich. Bei Sozialismus handelt es sich um die verschwommenste, die nicht eindeutig bestimmbare und deshalb die eigentliche Entwicklungsphase der drei Systeme.

2

DER STAAT

Jemand sollte einen Preis ausschreiben, nicht mit lumpigen 500 Euro dotiert sondern mit einer Million, überreicht mit einer Urkunde, schön verziert mit Eichenlaub und Bändern. Der Preis sollte demjenigen zugesprochen werden, der eine gute, einfache und intelligente Definition des Begriffes *Staat* gibt.

Er würde der Gesellschaft wahrlich einen unermeßlichen Dienst leisten!

Der *Staat*. Was ist das? Wo ist er? Was macht er? Was sollte er machen?

Alles was wir über ihn wissen, ist, daß er eine geheimnisvolle Gestalt ist und sicherlich auch die meistgeforderte, die meistgequälte, die meistbeschäftigte, die meistberatene, die meistkritisierte, die meistbeschworene und die meistprovozierte der Welt.

Mein lieber Freund, ich habe nicht die Ehre, Sie zu kennen, aber ich wette zehn zu eins, daß Sie in den letzten sechs Monaten Utopien nachgelaufen sind. Und ich wette zehn zu eins, daß Sie vom *Staat* erwarten, diese in die Tat umzusetzen.

Und Sie, meine verehrte Freundin, wünschen sich sicher von ganzem Herzen, all die Übel auf dieser Welt zu heilen. Und Sie wären gar nicht in Verlegenheit, wenn Ihnen der *Staat* dabei zu Hilfe käme.

Aber leider weiß der unglückselige Staat nicht, wem er zuhören, noch an wen er sich wenden soll. Millionen Stimmen schreien gleichzeitig auf ihn ein:

"Arbeit für alle!"
"Gemeinnutz vor Eigennutz!"
"Kampf dem Kapitalismus!"
"Mehr geklonte Schafe!"
"Jedem Weiler seinen Flughafen!"
"Eindeichung aller Flüsse!"
"Bewaldung der Alpen!"
"Mehr Zuchtfarmen für Osterhasen!"
"Mehr Harmonie am Arbeitsplatz!"
"Friedenshüter in alle Krisengebiete der Welt!"
"Kitas auch für Erwachsene!"
"Keine Hausaufgaben für unsere Kinder!"
"Flüge ins All für Senioren!"
"Gleicher Lohn für alle!"
"Gegen die Profitgier!"
"Freier Bordellbesuch für Rollstuhlfahrer!"
"Freiheit den Salatgurken!"
"Größere Euter für unsere Milchkühe!"
"Mehr Geld für Subkultur!"

"Unterstützung für Tontaubenzüchter!"
"Kampf dem unfairen Wettbewerb!"
"Wahrheit und Erleuchtung für alle!"

"Oh, meine lieben Freunde, ein wenig Geduld", antwortet der *Staat* mit Bedauern. "Ich versuche ja, euch alle zufriedenzustellen, aber dafür brauche ich natürlich die Mittel. Ich hätte da Vorschläge für fünf, sechs Steuern, brandneu und die gemäßigsten der Welt. Ihr werdet sehen, die Leute werden sich darum reißen, sie aufbringen zu dürfen."

Doch dann erhebt sich ein großes Geschrei: "Schande! Schande! Mit den entsprechenden Mitteln kann jeder etwas leisten. Dann verdienst du es nicht, *Staat* genannt zu werden. Statt uns mit neuen Steuern zu strafen, verlangen wir die Abschaffung der alten. Weg mit

"Sektsteuer"
"Leuchtmittelsteuer"
"Hundesteuer"
"Vergnügungssteuer"
"Zweitwohnungssteuer"
"Verkehrssteuer auf Liebesdienste"
"Steuer auf Windräder"

Mitten im Aufruhr und nachdem das Land zwei- oder dreimal seine Regierung gewechselt hat, weil der Staat immer nicht alle diese Forderungen erfüllt hat, versuchte ich zu zeigen, daß diese widersprüchlich waren. Herrgott! Was dachte ich mir nur dabei? Hätte ich diese unglückliche Bemerkung nicht für mich behalten können?

Hier stehe ich, unglaubwürdig auf ewig. Und nun ist es eine allgemein anerkannte Tatsache, daß ich ein herzloser, mitleidsloser Geselle bin, ein fader Träumer, ein Einzelgänger, ein bürgerlicher Scheißer. In einem Wort: ein Vertreter der Österreichischen Schule der Nationalökonomie.

Oh, pardon, meine Zeitdungmacher, die Ihr Euch durch nichts aufhalten laßt, schon gar nicht durch Widersprüche. Ohne Zweifel liege ich falsch und ich bedauere von ganzem Herzen meinen Irrtum. Ich verlange, das versichere ich, nichts anderes, als daß Sie außerhalb unserer selbst ein Wesen entdecken, so gut und unerschöpflich, das sich *Staat* nennt und alle hungrigen Mäuler stopft, allen Arbeit gibt, allen Unternehmen Kapital, Kredite für alle Projekte, alle Wunden heilt, alles Leiden mildert, Rat bietet bei Verwirrungen, Lösungen für alle Probleme, Wahrheiten für alle Köpfe, Unterhaltung für alle Arten von Langeweile, die Kinder mit Milch versorgt und die Alten mit Wein, das für alle Bedürfnisse vorsorgt, alle unsere Wünsche vorhersieht, unsere Neugierde befriedigt, all unsere Irrtümer korrigiert, all unsere Fehler beseitigt und uns allen künftig die Notwendigkeit zu Weitsicht, Umsicht, Urteilsvermögen, Scharfsinn, Erfahrung, Ordnung, Sparsamkeit, Mäßigung und Fleiß erspart.

Und warum sollte ich mir das nicht wünschen? Himmel, vergib mir! Je mehr ich darüber nachdenke, desto mehr finde ich, wie einfach alles ist. Und auch ich sehne mich nach dieser unerschöpflichen Quelle von Reichtum und Erleuchtung, diesem Wunderdoktor für alles, diesem unerschöpflichen Schatz, diesem unfehlbaren Berater, den Sie *Staat* nennen.

Deshalb bestehe ich darauf, daß mir Beweise und Definitionen vorgelegt werden, und deshalb schlage ich einen Preis vor, der demjenigen überreicht werden soll, der diesen seltenen Vogel entdeckt. Denn immerhin muß man zugeben, daß diese wertvolle Entdeckung noch nicht gemacht ist, denn bislang haben die Menschen sofort alles gestürzt, was sich ihnen als *Staat* vorgestellt hat, und zwar genau deshalb weil er die widersprüchlichen Punkte seines Programms nicht zu erfüllen vermochte.

Müssen wir hervorheben, daß wir diesbezüglich von einer der verrücktesten Illusionen getäuscht worden sind, die je vom menschlichen Geist Besitz ergriffen haben?

Der Mensch mag Schmerz und Leiden nicht. Und doch ist er von Natur aus dazu verdammt, an Entbehrungen zu leiden, wenn er nicht die Mühe auf sich nimmt, für seinen Lebensunterhalt zu arbeiten. Es bleibt ihm nur die Wahl zwischen zwei Übeln. Was soll er tun, um beide zu vermeiden? Dazu hat er ein einziges Mittel gefunden und wird immer nur dieses eine Mittel finden, nämlich *die Früchte anderer Menschen Arbeit zu genießen*. Das heißt, die Verhältnisse so zu gestalten, daß die Mühen und Belohnungen, statt an jeden entsprechend seines natürlichen Anteils zu fallen, geteilt werden zwischen den Ausgebeuteten und ihren Ausbeutern, wobei alle Mühe bei den Ausgebeuteten und alle Belohnung bei den Ausbeutern verbleibt. Auf diesem Prinzip beruhen Sklaverei und Überfälle jeglicher Art: Kriege, Gewaltakte, Handelsbeschränkungen, Betrug, Falschdarstellung usw. Alles monströse Mißbräuche aber

in Übereinstimmung mit der Idee, die sie hervor-
brachte. So sehr Unterdrücker unseren Haß verdienen und bekämpft werden sollten, so kann man
doch nicht behaupten, sie wären absurd.

Gott sei Dank hat Sklaverei keine Zukunft und
unsere angeborene Neigung, unseren Besitz zu
verteidigen, erschwert direkten und offenen Über-
fall. Eines ist jedoch geblieben: die unglückliche,
primitive Tendenz, wonach alle Menschen ihr
Schicksal im Leben in zwei Teile teilen müssen,
nämlich die Mühen auf andere abzuschieben und
die Belohnungen für sich zu behalten. Es bleibt
noch zu untersuchen, in welch erbärmlicher
Tendenz sich diese neue Form äußert.

Der Unterdrücker setzt die Unterdrückten nicht
mehr direkt seiner Gewalt aus. Nein, unser
Gewissen ist dafür zu anspruchsvoll geworden.
Natürlich gibt es immer noch Unterdrücker und
Opfer, aber zwischen sie hat sich ein Mittler
geschoben, nämlich der Staat, d.h. das Recht. Was
könnte besser geeignet sein, unsere Skrupel zu
verdrängen und – was vielleicht noch wichtiger ist –
jeglichen Widerstand zu brechen? Deshalb rufen
alle von uns, egal in welcher Sache, unter
irgendwelchem Vorwand nach dem Staat. Wir
sagen ihm: "Ich finde nicht, daß meine Freuden und
meine Mühen in einem vernünftigen Verhältnis
zueinander stehen. Gerne hätte ich ein wenig vom
Eigentum anderer, um das gewünschte Verhältnis
zu erhalten. Kannst du mir dabei nicht helfen?
Kannst du mir nicht einen netten Posten als
Beamter geben oder meine Konkurrenten vom
Markt drängen oder mir einen zinsfreien Kredit
beschaffen oder meine Kinder ausbilden oder mir

eine kleine Subvention verschaffen oder eine schöne Altersversorgung? Auf diese Weise erreiche ich mein Ziel ohne schlechtes Gewissen, denn das Recht handelt für mich und ich werde all die Vorteile des Überfalls genießen können, ohne Risiko und ohne Mühe."

Obwohl klar ist, daß wir alle den Staat einerseits um solche Dinge angehen, ist es andererseits eine bekannte Tatsache, daß der Staat nicht die einen bedienen kann, ohne von den anderen zu nehmen. Während ich auf eine Definition des Staates warte, fühle ich mich dazu berechtigt, hier meine eigene Definition zu geben. Wer weiß, vielleicht erhält sie womöglich den Preis. Hier meine Definition:

Der Staat ist die große Fiktion, wodurch jeder danach strebt, auf Kosten anderer zu leben.

Wie eh und je würde gerne jeder von uns mehr oder weniger von der Arbeit anderer profitieren. Man wagt nicht, dieses Gefühl offen auszusprechen, man verbirgt es sogar vor sich selbst, und was macht man dann? Man stellt sich einen Mittelsmann vor. Man wendet sich an den *Staat,* und eine Gesellschaftsschicht nach der anderen sagt ihm: "Du bist doch fair und ehrenwert, nimm von der Allgemeinheit und teile mit uns." Leider ist der Staat nur allzusehr bereit, diesem teuflischen Rat zu folgen, denn er besteht aus Politikern und Bürokraten, aus Leuten, die wie alle Menschen in ihrem Herzen den Wunsch hegen, ihren Reichtum und Einfluß zu vergrößern, und keine Gelegenheit dazu auslassen. Der Staat versteht dann ganz schnell den Nutzen, den er aus der Rolle ziehen kann, die ihm die Allgemeinheit anvertraut. Er ist der Schiedsrichter, der Herr aller Einzelschicksale. Er bedient sich großzügig und ein Gutteil verbleibt bei ihm. Er vergrößert das Heer seiner Gefolgsleute. Er erweitert den Umfang seiner Befugnisse. Am Ende nimmt er gewaltige Ausmaße an.

Aber am bemerkenswertesten ist dabei die erstaunliche Blindheit der Allgemeinheit. Wenn siegreiche Soldaten die Besiegten versklavten, galten sie als Barbaren, aber sie waren keineswegs lachhaft. Ihr Ziel war es, wie unseres auch, auf Kosten anderer zu leben. Aber im Gegensatz zu uns erreichten sie das auch. Was sollen wir von einem Volk halten, das offensichtlich nicht den Verdacht hegt, daß *gegenseitiger Raub* nicht weniger Raub ist, nur weil er gegenseitig ist? Daß er nicht weniger verbrecherisch ist, nur weil er legal und geregelt ausgeführt wird. Daß er absolut nichts zum allgemeinen Wohl beiträgt. Daß er es im Gegenteil sogar noch durch die *Staatskosten* schmälert, die dieser verschwenderische Mittelsmann verursacht.

Und wir haben diesen großen Mythos, zur Erbauung des Volkes, sogar in die Präambel der sogenannten Verfassung eingebaut. Hier der Anfang der Präambel:

"Im Bewußtsein seiner Verantwortung vor Gott und den Menschen ..."

So ist es Deutschland, oder besser *das abstrakte Kollektiv mit dem Etikett Deutschland*, das Verantwortung vor Gott und allen Menschen haben soll! Steckt darin nicht der schräge Irrglaube, der uns dazu bringt, alles von einer anderen Macht zu erwarten statt von uns selbst? Heißt das nicht auch, daß es außerhalb des deutschen Volkes ein moralisches, erleuchtetes und reiches Wesen gibt, das ihm seine Leistungen zuteil werden lassen kann und soll? Muß man nicht annehmen, daß es zwischen Deutschland und dem deutschen Volk – also zwischen dem abstrakten Begriff für ein Kollektiv, das zur Beschreibung all dieser Individuen verwendet wird, und den Individuen selbst – eine Vater-Sohn-, eine Vormund-Mündel-, eine Lehrer-Schüler-Beziehung gibt? Mir ist schon klar, daß wir manchmal in Metaphern vom "Vater Staat" oder vom "Vaterland" sprechen. Aber um die Nichtigkeit des Satzes in unserem Grundgesetz ganz zu erfassen, genügt es zu zeigen, daß die Aussage umgedreht werden kann, und zwar keineswegs zum Nachteil sondern vielmehr zum Vorteil. Wäre es weniger richtig, wenn die Präambel sagen würde:

"Die Deutschen wurden vom Staat gezwungen, Gott aus dem Bewußtsein zu streichen und den Menschen ihre Verantwortung zu nehmen. ..."

Nun, was ist ein Lehrsatz wert, in dem Subjekt und Objekt beliebig vertauscht werden können? Jeder versteht die Aussage: "Die Mutter gibt dem Baby Milch." Aber es wäre lächerlich zu sagen: "Das Baby gibt der Mutter Milch."

Wenn ich mir erlaubt habe, die einleitenden Worte unseres Grundgesetzes zu kritisieren, dann nicht, wie manche vielleicht mutmaßen mögen, weil es mir um Haarspalterei geht. Ich behaupte, daß die *Personifizierung des Staates* in der Vergangenheit eine ständige Quelle für Katastrophen und

Umstürze war und auch in Zukunft sein wird.

Die Allgemeinheit auf der einen Seite und der Staat auf der anderen werden hier als zwei getrennte Einheiten betrachtet, die letztere darauf bedacht, die erstere mit Geschenken zu überhäufen, und die erstere darauf, von der letzteren Rechte einzufordern – ein wahrer Erguß menschlicher Glückseligkeit! Was aber ist die unvermeidliche Folge davon?

In der Tat hat der Staat aber nicht nur eine Hand und kann auch nicht nur eine haben. Er hat zwei Hände, eine, mit der er nimmt, und eine, mit der er gibt. Anders gesagt eine grobe und eine feine Hand. Das Verhalten der zweiten ist notwendigerweise dem der ersten nachgeordnet. Streng genommen kann der Staat nehmen aber nicht geben. Wir haben das schon gesehen, und es findet seine Erklärung in der Durchlässigkeit und Gier seiner Hände, die immer einen Teil von dem, was sie anfassen, einbehalten und manchmal sogar alles. Was aber noch nie gesehen wurde, was nie gesehen werden wird und auch gar nicht nachvollziehbar wäre, ist, daß der Staat der Allgemeinheit mehr geben soll als das, was er von ihr genommen hat. Deshalb ist es einfach dumm von uns, die bescheidene Haltung von Bettlern einzunehmen, wenn wir vom Staat etwas fordern. Es ist völlig ausgeschlossen, daß der Staat einigen wenigen einen Vorteil gewährt, ohne allen anderen einen größeren Schaden zuzufügen.

Offensichtlich befindet sich der Staat durch unsere Forderungen in einem Teufelskreis.

Enthält er den Segen, der von ihm verlangt wird, einer Gruppe vor, wird er der Schwäche, des Unwillens und der Unfähigkeit beschuldigt. Versucht er aber den Forderungen zu entsprechen, bleibt ihm nichts anderes übrig, als den Leuten mehr Steuern aufzubürden, mehr zu schaden als zu nützen und damit die allgemeine Unzufriedenheit zu schüren.

Wir finden also zwei unterschiedliche Erwartungen auf Seiten der Allgemeinheit, zwei verschiedene Versprechen auf Seiten der Regierung: *viele Vorteile und keine Steuern*. Solche Erwartungen und Versprechen werden, da widersprüchlich, nie erfüllt.

Liegt darin nicht die Ursache all unserer Regierungswechsel? Denn in dem Raum zwischen dem Staat, der mit seinen unmöglichen Versprechungen großzügig ist, und der Allgemeinheit, die unrealistische Erwartungen hegt, nisten sich zwei Typen ein: der Ehrgeizige und der Utopist. Ihre jeweilige Rolle wird ihnen von der Situation völlig vorgeschrieben. Diese Demagogen brauchen den Menschen nur in die Ohren zu schreien: "Die Machthaber betrügen euch! Wenn wir an der Macht wären, würdet ihr jede Menge Vorteile genießen und von Steuern befreit sein!"

Und die Leute glauben das, und die Leute hoffen, und die Leute wählen eine neue Regierung.

Kaum sind sie an der Macht, müssen sie ihre Versprechen einlösen: "Gib mir Arbeit, und Brot, Unterstützung, einen Kredit, eine Ausbildung," fordern die Leute, "und befreie mich gleichzeitig wie versprochen von der Steuerlast."

Die neue Regierung ist in derselben verzwickten Lage wie die alte, denn unmögliche Dinge kann man zwar versprechen aber nicht halten. Sie versucht, Zeit zu gewinnen, Zeit, die sie braucht, um alle ihre Projekte zu verwirklichen. Zunächst macht sie einige zögerliche Anläufe: auf der einen Seite gibt sie mehr aus für Bildung, auf der anderen Seite senkt sie die Kraftstoffsteuer. Aber immer sieht sie sich vor dem gleichen Dilemma: will sie menschenfreundlich sein, muß sie die Steuern erhöhen; verzichtet sie auf Steuern, muß sie auch ihre Menschenfreundlichkeit aufgeben.

Diese zwei Versprechen sind stets und notwendigerweise im Widerstreit miteinander. Greift man auf Anleihen zurück, d.h. lebt man von der Zukunft, so kann man beide wenigstens in der Gegenwart versöhnen: man versucht, jetzt ein bißchen Gutes zu tun und nimmt einen künftigen großen Schaden in Kauf. Freilich beschwört dieses Verfahren das Gespenst des Bankrotts herauf, der Kredit zerstört. Was aber soll man tun? Ein neues Regime verteidigt sich gegen seine Kritiker: es ordnet seine Kräfte neu, um sich zu erhalten; es geht gegen die Meinungsfreiheit vor; es greift auf Willkürgesetze zurück; es verhöhnt frühere Grundsätze; es erklärt, man kann nur regieren, wenn man den Mut zu unpopulären Maßnahmen hat; kurz, es greift nach der ganzen Macht.

Und genau darauf warten die Demagogen. Sie nämlich nutzen dieselbe Illusion aus, nehmen denselben Weg, haben denselben Erfolg und finden sich bald im selben Abgrund wieder. So entstehen Umstürze. Die Illusion wird Allgemeingut. Die Leute erwarten vom demokratischen *Staat*, daß er mit dem Füllhorn verteilt und Steuern versiegen. "Ich bin oft getäuscht worden," sagen die Leute, "aber dieses Mal passe ich auf, daß ich nicht wieder getäuscht werde."

Und was macht dann die Übergangsregierung? Leider das, was unter derartigen Umständen immer getan wird: sie macht Versprechungen und gewinnt Zeit. Die Versprechungen werden ganz feierlich gemacht und dann gleich in Gesetze gegossen: "Mehr für die sozial Schwachen, mehr Kindergärten, mehr Rente, kürzere Arbeitszeiten und Steuersenkungen für alle."

Und im Laufe der Legislaturperiode werden dann alle Punkte, einer nach dem anderen, verwässert oder fallengelassen.

Hier und da gibt es einen Kompromiß, damit die Enttäuschungen nicht allzu groß sind. Und, wie zu erwarten, beschließt man neue Steuern.

Ein paar Monate später flattern die Steuerbescheide ein mit neuen Erbschafts-, Einkommens-, und Wasweißich-Steuern. Und schon sind die Demagogen wieder auf dem Plan.

Täuschen wir uns nicht. Die Demagogen kennen ihr Geschäft. Sie reichen ihre Hand zum Gruß und ballen die andere zur Faust. Dem Steuerzahler steht ein Freudenfest bevor!

"Besteuert werden nur die Reichen, nicht die Armen," säuseln sie.

Man möchte meinen, es sei ein Glückstag, wenn

die Staatskasse nur die überschüssigen Mittel in Privatbesitz abschöpft. Natürlich ist das Bezahlen von Steuern ein Akt der Solidarität!

Donnerwetter! Solidarität ist freilich in aller Munde, aber ich dachte nicht, das könnte man mit Steuereintreibern in Verbindung bringen.

In der Geschichte standen sich immer zwei politische Systeme gegenüber, und für beide gibt es gute Argumente. Gemäß dem einen sollte der Staat viel tun aber auch viel nehmen. Gemäß dem anderen sollte er wenig tun aber auch wenig nehmen. Zwischen diesen beiden Systemen muß man sich entscheiden. Das dritte System, nämlich eine Mischung der beiden ersten, ist abwegig, kindisch, in sich widersprüchlich und gefährlich. Jene, die sich dafür starkmachen, nur um dann alle Regierungen der Unfähigkeit zu bezichtigen, schmeicheln und betrügen uns, oder betrügen sich immerhin selbst.

Wir denken allerdings, daß der Staat lediglich das Gesetz wahren und kein Instrument der Unterdrückung sein soll. Er soll dafür sorgen, daß jeder das Seine erhält und daß Gerechtigkeit und Sicherheit vorherrschen.

3

ALLE WOLLEN GOTT SPIELEN

Wer sieht die Menschen nicht gerne als eine Anhäufung von Tonklümpchen an, die es nur richtig zu formen gelte, um am Ende die allerbeste aller besten Gesellschaften zu erhalten! Wir kennen die Experimente, die angestellt worden sind, um die Machbarkeit von Tongesellschaften zu beweisen. Und natürlich möchte man sich durch das Scheitern eines Experiments in keinster Weise entmutigen lassen. Man kündigt sofort vollmundig und leer- köpfig das nächste, das allerletzte und unbedingt noch notwendige und einmalige Experiment an. Und alle fressen es. Manche geben sich be- scheiden und richten "nur" einen ganzen Stadtteil zugrunde. Andere haben ohne Studium die Weis- heit mit dem Löffelbagger gefressen und wollen gleich die ganze Welt retten. Die meisten dieser Trommler und Falschmünzer retten immerhin ihre Schäfchen, indem sie die Schafe verkaufen.

Der Gärtner experimentiert erst mal an einem Baum, der Erfinder baut zuerst ein Modell, bevor er die Maschine baut. Der Chemiker vergeudet ein paar Chemikalien, der Landwirt experimentiert mit Sämereien. Sie alle machen das, um eine neue Idee zu testen.

Aber welch ein Unterschied zwischen einem Gärtner und seinen Bäumen, zwischen einem Erfinder und seiner Maschine, zwischen einem Chemiker und seinen Elementen, zwischen einem Landwirt und seinem Saatgut! Und der gute Demokrat denkt, nein glaubt doch ernsthaft, daß derselbe Unterschied zwischen ihm und der Menschheit besteht!

Es ist kein Wunder, daß die Medienheinis Gesellschaft als etwas ansehen, was der gottgleiche Gesetzgeber künstlich erschaffen hat und beliebig verformen kann.

Dieser Gedanke, eine Blüte unserer staatlichen Verblödung, hat die VerBildeten und Schriftversteller unseres Landes erfaßt. Ihnen ist die Beziehung zwischen Menschen und dem Gesetzgeber nichts anderes als die zwischen Ton und Töpfer.

Selbst wo sie sich herablassen, ein Prinzip des Handelns im Menschen anzuerkennen, weisen sie die göttlichen Gaben in uns entschieden zurück. Sie haben sich in den Kopf gesetzt, daß sich der Mensch in Freiheit ruinieren würde. Sie nehmen an, daß, wenn der Gesetzgeber den Menschen freie Wahl ließe, sie statt Wissen Unwissen, statt Arbeit und Tausch Armut erhalten würden.

4

DAS WEISE VOLK

Eine merkwürdige Erscheinung unserer Zeit und eine, die unsere Nachfahren wohl gebührend erstaunen wird, ist die Irrlehre, die auf drei Annahmen beruht: die absolute Handlungsunfähigkeit der Menschen, die Allmacht des Gesetzes und die Unfehlbarkeit des Gesetzgebers. An diese Dreifaltigkeit glauben alle Demokraten.

Die Anhänger dieser Irrlehre geben sich auch gerne *sozial*. Soweit sie demokratisch sind, haben sie blindes Vertrauen in die Menschheit. Soweit sie aber sozial sind, sehen sie in der Menschheit nicht viel mehr als Dreck. Sehen wir uns diesen Gegensatz mal genauer an.

Wie verhält sich der Demokrat, wenn politische Rechte angesprochen werden? Wie betrachtet er das Volk, wenn ein Gesetzgeber gewählt werden soll? Ja dann wird behauptet, das Volk besitze so etwas wie instinktive Weisheit. Es sei mit der feinsten Wahrnehmung ausgestattet. Sein Wille sei immer richtig. Der Wille der Mehrheit irre nie. Wählen könne nie allgemein genug sein.

Und wenn dann gewählt werden soll, wird der Wähler natürlich nicht gefragt, ein Zeugnis seiner Weisheit abzulegen. Sein Wille und seine Fähigkeit, weise zu wählen, wird als selbstverständlich angenommen. Kann das Volk sich täuschen? Leben wir nicht in einem Zeitalter der Aufklärung? Was? Das Volk ist doch frei! Hat es seine Rechte nicht durch große Anstrengungen und Opfer gewonnen? Hat es nicht immer wieder seine Intelligenz und Weisheit unter Beweis gestellt? Ist es nicht erwachsen? Kann es nicht für sich entscheiden? Wer erdreistet sich, sich über das Volk zu stellen und für das Volk zu urteilen und zu handeln? Nein nein, das Volk ist *frei* und sollte es auch bleiben. Es will sich selbst verwalten und soll es auch tun.

Und dann wird schließlich der Gesetzgeber gewählt. Oh! Plötzlich ändert sich seine Rede radikal. Das Volk wird wieder passiv, träge, bewußtlos, der Gesetzgeber allmächtig. Nun soll er initiieren, lenken, vorantreiben und organisieren. Die Menschen müssen sich unterordnen. Die Stunde der Willkür hat geschlagen. Und es kommt, was kommen mußte: Das Volk, das während des Wahlkampfes als so weise, so moralisch, so perfekt galt, ist jetzt richtungslos. Und hat es eine Richtung, dann nach unten.

5

DIE AUSSERIRDISCHEN

Der Anspruch dieser Macher der Menschheit wirft eine Frage auf, die ich oft an sie gerichtet hatte und die, so weit ich weiß, nie beantwortet wurde. Nämlich geht es um die Frage, ob die menschliche Natur denn so schlecht sei, daß es gemeingefährlich wäre, die Menschen frei handeln zu lassen. Wie kommt es, daß diese Macher immer gut sind? Gehören die Politiker und ihre Handlanger nicht auch der Menschheit an? Oder glauben sie gar, sie sind aus besserem Dreck als die übrige Menschheit? Die Macher behaupten, daß die Gesellschaft, würde sie ohne sie auskommen müssen, unweigerlich sich selbst zerstören würde, weil sie grundsätzlich selbstmordgefährdet sei. Sie behaupten, daß nur sie in der Lage seien, diesen Selbstmord abwenden und dem kranken Volk frischen Lebensmut einhauchen zu können. Offensichtlich wurden sie von oben mit einer Intelligenz und Integrität ausgestattet, die anderen Menschen nicht zuteil wurde. Nun gut, dann sollen sie auch ihre Überlegenheit unter Beweis stellen.

Wenn sie unsere Schäfer spielen wollen und in uns ihre Schafe sehen, dann müssen sie doch übernatürliche Wesen sein. Haben wir dann nicht das Recht, von ihnen ein Zeichen ihrer göttlichen Überlegenheit zu sehen?

6

AN DIE FREIHEIT

Gott hat den Menschen mit allem ausgestattet, was er braucht, um sein Schicksal zu vollenden. Er hat ihm ein soziales und auch ein menschlichen Antlitz verliehen. Und diese sozialen Organe der Menschen sind so angelegt, daß sie sich harmonisch in der reinen Luft der Freiheit entfalten. Weg mit den Quacksalbern und Machern! Weg mit ihren Ringen, Ketten, Haken und Zangen, mit denen sie uns lange genug gefoltert haben! Weg mit ihren künstlichen Systemen! Weg mit den Schikanen von Beamten, ihren staatlichen Projekten, ihrer Zentralisierung, ihren Zöllen, ihren staatlichen Schulen, ihrer Staatsreligion, ihrem Kreditsystem, ihren Bankmonopolen, ihren Reglementierungen, ihrer Gleichmacherei durch Steuern, und ihrer verlogenen Moral!

Und nun, da die Politiker und Gutmenschen der

Gesellschaft immer und immer wieder neue Systeme übergestülpt haben, wollen wir hoffen, daß sie dort aufhören, wo sie hätten beginnen sollen: Mögen sie alle Systeme zurückweisen und es mal mit Freiheit versuchen. Denn Freiheit bedeutet Glauben an Gott und sein Werk.

7

DAS VERFLUCHTE GELD

"Dieses verfluchte Geld! Dieses verfluchte Geld!"
klagt ein Wirtschaftswissenschaftler nach einer
Sitzung eines EU Ausschusses zum Thema
"Wertschöpfung aus dem Nichts".

"Was ist denn?" fragte ich ihn. "Warum denn
dieser plötzliche Haß auf das höchste aller göttlichen Geschenke auf dieser Welt?"

"Dieses verfluchte Geld! Dieses verfluchte Geld!
Immer dieses verfluchte Geld!"

Jetzt bin ich aber verunsichert. Frieden, Freiheit
und selbst das Leben sollen auf einmal nichts mehr
wert sein. Schafft sich womöglich die Europäische
Zentralbank selbst ab? Was ist denn geschehen?

"Dieses verfluchte Geld! Dieses verfluchte Geld!

Immer dieses verfluchte Geld!"

Schon gut. Was haben Sie denn? Klebt Ihnen Gold an den Händen wie dem sagenhaften König Midas? Oder hat Sie ein EU- Politiker beleidigt?

Von König Midas habe ich nie gehört. Und von mir und meinen Theorien wissen EU-Politiker noch weniger als von ihrem Sinn und Daseinszweck.

Ah, jetzt hab' ich's! Wie konnte ich nur so blind sein! Sie sind doch der Erfinder eines Gesellschaftssystems, das nach Ihnen benannt ist. Ihre Gesellschaft soll perfekter sein als die kommunistische, und deshalb soll Geld in ihr verbannt sein. Und was Sie beschäftigt, ist, daß Sie die Menschen dazu bringen müssen, ihre Geldbeutel zu öffnen. Das ist doch der Punkt, wo sich die Geister scheiden. Wenn es nur einen Weg gäbe, den Widerstand der Menschen zu überwinden! Aber leider haben die Menschen ihren eigenen Willen.

Zum Glück bin ich von dieser Intellektuellenkrankheit noch nicht erfaßt. Statt neue Gesellschaftssysteme zu ersinnen, studiere ich die, die die göttliche Vorsehung für uns bereithält. Deshalb sage ich ja: "Dieses verfluchte Geld! Dieses verfluchte Geld! Immer dieses verfluchte Geld!"

Sie sind also ein Althippie! Dann ist es einfach für Sie. Werfen Sie Ihren Geldbeutel weg. Behalten Sie sich nur ein paar Groschen zurück für den Tag, an dem die Europäische Zentralbank Wertpapiere emittiert.

Wenn ich mich gegen das verfluchte Geld aus-

spreche, warum sollte ich dann seinen Ersatz gut-
heißen?

Dann bleibt nur noch eines: Sie sind ein neuer
Diogenes und halten mir einen Vortrag über die
Verachtung des Wohlstands.

Um Himmels Willen! Wohlstand ist nicht ein
bißchen mehr oder weniger Geld. Vielmehr ist
Wohlstand Brot für die Hungrigen, Kleidung für die
Nackten, Heizmaterial, um sich warmzuhalten,
Beleuchtung für die Abendstunden, eine Karriere
für die Kinder, ein freier Tag, Medizin für die
Kranken, Hilfe für die Armen, Schutz gegen Sturm,
Unterhaltung. Wohlstand ist Bildung, Unabhängig-
keit, Würde, Selbstvertrauen, Nächstenliebe. Wohlstand ist Fortschritt und Zivilisation. Wohlstand ist
der Zivilisationsbeitrag von zwei wunderbaren
Mitteln, die sogar noch zivilisierter sind als Wohl-
stand selbst, nämlich Arbeit und Tausch.

Ah, nun scheinen Sie auf den Wohlstand einen
Lobgesang anzustimmen, wo Sie ihn doch gerade
noch verwünscht haben!

War doch nur der Wutausbruch eines Wirt-
schaftswissenschaftlers. Ich spreche mich nur
gegen Geld aus, weil jeder – Sie auch – es
verwechselt mit Wohlstand. Diese Verwechslung ist
die Ursache unzähliger Irrtümer und Katastrophen.
Ich spreche mich dagegen aus, weil seine Funktion
in der Gesellschaft nicht verstanden wird und weil
es schwer ist, sie zu erklären. Ich spreche mich
dagegen aus, weil es alles auf den Kopf stellt, die
Mittel zum Zweck macht, das Problem zur Ursache,
das Alpha zum Omega. Seine Existenz, gleichwohl

an sich vorteilhaft, brachte einen fatalen Begriff, eine Perversion von Prinzipien, eine widersprüchliche Theorie mit sich, die auf mannigfaltige Weise die Menschheit verarmt und die Welt in Blut getränkt hat. Ich spreche mich dagegen aus, weil ich das Gefühl der Ohnmacht habe, mich gegen die Irrtümer zu wehren, die durch sie entstanden sind. Sonst bliebe mir nur eine lange und langweilige Erklärung, die niemand würde hören wollen. Fände ich nur einen einzigen geduldigen und verständnisvollen Zuhörer!

Nun, niemand soll sagen, daß Sie in Ermangelung eines Opfers im Zustand der Verwirrung bleiben sollen, in dem Sie sich jetzt befinden. Ich höre Ihnen zu. Sprechen Sie, lassen Sie sich von nichts zurückhalten.

Versprechen Sie, Interesse zu zeigen?

Versprochen.

Das ist nicht allzu viel.

Mehr kann ich nicht geben. Beginnen Sie und erklären Sie mir zuerst, wie ein falsches Verständnis von Geld die Wurzel aller wirtschaftlichen Irrtümer sein soll.

Nun, seien Sie ehrlich, haben Sie nie Wohlstand mit Geld verwechselt?

Keine Ahnung. Aber was wäre denn die Folge einer solchen Verwechslung?

Nichts von Gewicht. Ein Denkfehler, ohne Einfluß auf Ihre Handlungen. Denn in Bezug auf Arbeit und Tausch handeln wir alle auf dieselbe Art und Weise, obwohl es so viele Meinungen gibt wie Köpfe.

Genau so wie wir nach demselben Prinzip gehen, obwohl wir nicht notwendigerweise übereinstimmen in Bezug auf die Theorie von Gleichgewicht und Schwerkraft.

Genau. Ein Mensch, der sich hineinsteigert in die Meinung, daß unsere Köpfe und Beine nachts ihren Platz tauschen, mag nette Bücher über das Thema verfassen, aber er würde immer noch genauso gehen wie alle anderen.

Nehme ich an. Trotzdem würde er wohl bald den zweifelhaften Ruf eines Theoretikers haben.

Genauso würde ein Mensch verhungern, der sich in den Kopf gesetzt hat, daß Geld wirklicher Wohlstand ist, und danach leben würde. Deshalb ist diese Theorie falsch, denn es gibt keine richtige Theorie außer jener, die von den Fakten unterstützt wird und sich immer und überall als richtig erweist.

Verstehe. In der Praxis würden persönliches Interesse und die fatalen Folgen von falschen Handlungen Irrtümer korrigieren. Aber wenn das, wovon Sie sprechen, so wenig Einfluß hat, warum beschäftigt es Sie so sehr?

Weil, wenn ein Mensch handelt und dabei an andere statt an sich selbst denkt, das persönliche Interesse, dieser stets wachsame und empfindliche Aufpasser, nicht mehr ruft "Halt! Die Verantwortung trifft den Falschen! A wird betrogen und B leidet." Das falsche System des Gesetzgebers wird notwendigerweise Handlungsanleitung der ganzen Bevölkerung. Und beachten Sie den Unterschied: wenn Sie Geld haben und sehr hungrig sind, was machen Sie, jetzt mal unabhängig davon, welcher Geldtheorie Sie anhängen?

Ich gehe zum Bäcker und kaufe Brot.

Sie zögern nicht, Ihr Geld loszuwerden?

Der einzige Wert, den Geld hat, besteht doch darin, das zu kaufen, was man will.

Und wenn der Bäcker Durst haben sollte, was tut er dann?

Er geht zum Getränkemarkt und kauft sich Getränke mit dem Geld, das er von mir bekommen hat.

Was? Hat er keine Angst, sich zu ruinieren?

Sein Ruin wäre, ohne Essen und Getränke zu sein.

Und jeder freie Mensch auf dieser Welt handelt auf genau dieselbe Weise?

Zweifellos. Wollen Sie lieber, daß die Menschen ihr Geld anhäufen und dabei verhungern?

Nein nein! Ich finde, sie handeln richtig und ich wünschte mir nur, daß die Theorie diese allgemeine Praxis getreu widerspiegelt. Aber nehmen wir an,

Sie wären der Gesetzgeber, der absolute Herrscher eines Riesenreiches, das bedauerlicherweise über keine Edelmetallvorkommen verfügt.

Diese Vorstellung gefällt mir.

Nehmen wir an, Sie wären völlig überzeugt davon, daß Wohlstand ausschließlich in Geld zu messen wäre. Zu welcher Schlußfolgerung würden Sie gelangen?

Dann sollte ich schlußfolgern, daß es keinen anderen Weg gäbe, mein Volk zu bereichern oder es sich bereichern zu lassen, als anderen Nationen Geld zu entziehen.

Sie wollen Ihr Volk also verarmen. Die erste Schlußfolgerung, zu der Sie gelangen würden, wäre die: eine Nation kann nur gewinnen, wenn eine andere verliert.

Diese Doktrin ist keineswegs neu. Große Köpfe haben sie vertreten.

Sie ist deshalb nicht weniger erbärmlich, denn sie besagt, daß Fortschritt unmöglich ist. Zwei Nationen, genauso wie zwei Menschen, können nicht beide wohlhabend werden.

Es scheint, daß sich das aus dieser Doktrin ergibt.

Und da alle Menschen danach trachten, sich zu bereichern, folgt daraus, daß sie nach dem Gesetz göttlicher Vorsehung alle danach streben, ihre Mitmenschen zu ruinieren.

Wir reden nicht vom christlichen Glauben, wir reden von Wirtschaft.

So eine Doktrin ist verabscheuungswürdig. Aber weiter. Ich habe Sie also zu einem absoluten Herrscher gemacht. Sie dürfen sich nicht mit Spekulieren zufriedengeben, Sie müssen handeln. Ihre Macht ist uneingeschränkt. Wie würden Sie mit dieser Doktrin *Wohlstand ist Geld* umgehen?

Ich würde mich darum bemühen, die Geldmenge in meinem Lande zu vergrößern.

Wie würden Sie das bewerkstelligen? Was würden Sie tun?

Ich würde die Ausfuhr von Edelmetallen untersagen.

Und wenn Ihr Volk zufälligerweise jede Menge Geld hätte und dennoch hungrig wäre?

Egal. In dem System, über das wir reden, wäre der Export von Geld gleichzusetzen mit der Erlaubnis, sich arm zu machen.

Also demnach würden Sie Ihr Volk zwingen, nach einem Prinzip zu handeln, das dem widerspricht, nach dem Sie unter ähnlichen Umständen selbst handeln würden. Aber warum?

Zweifelsohne weil mein Hunger mir zusetzt, wogegen der Hunger meines Volkes auf einem anderen Blatt steht.

Nun, ich kann Ihnen versichern, daß Ihr Plan

scheitern würde und daß keine Überwachung so perfekt wäre zu verhindern, daß Geld das Land verläßt und Getreide ins Land kommt, wenn das Volk hungrig ist.

Dann würde dieser Plan, ob falsch oder nicht, nichts bewirken. Er würde weder nützen noch schaden und bedarf deswegen keiner weiteren Überlegung.

Sie vergessen, daß Sie der Gesetzgeber sind.

Ein Gesetzgeber darf sich nicht von Kleinigkeiten entmutigen lassen, wenn er mit anderen seine Experimente macht. Wenn die erstbeste Maßnahme keine Früchte trägt, muß man andere Mittel wählen, um den Zweck zu heiligen.

Welchen Zweck?

Sie scheinen ein schlechtes Gedächtnis zu haben. Den, in Ihrem Volk das Geldvolumen zu erhöhen, denn darin scheint doch wahrer Wohlstand zu bestehen.

Ja sicher, Entschuldigung! Aber Sie wissen doch: allzuviel ist ungesund! Und dasselbe kann, mit größerer Berechtigung, von der Wirtschaft gesagt werden. Lassen Sie mich nachdenken. Aber wirklich, ich weiß nicht, wie ich mir das vorstellen soll.

Überlegen Sie gründlich. Zuerst möchte ich Sie darauf hinweisen, daß Ihr erster Plan das Problem nur verschlimmert. Dafür zu sorgen, daß kein Geld das Land verläßt, hält zwar den Wohlstand, vermehrt ihn aber auch nicht.

Ach, jetzt verstehe ich langsam. Das Getreide, das importiert werden darf … Da habe ich eine Idee … Der Umweg ist genial, die Mittel unfehlbar. Jetzt komme ich zum Zweck.

Jetzt muß ich Sie fragen: welcher Zweck?

Nun, natürlich die Geldmenge zu erhöhen.

Wie würden Sie das bitte machen?

Ist es nicht klar, daß, wenn die Geldmenge sich ständig vergrößern soll, die erste Bedingung darin besteht, daß nichts davon angetastet werden darf?

Ja.

Und die zweite, daß ständig etwas hinzugefügt werden muß.

Ja, verstehe ich.

Dann läßt sich das Problem dialektisch lösen, wenn ich einerseits das Ausland daran hindere, davon zu nehmen, und ich es andererseits dazu verpflichte, etwas hinzuzufügen.

Es wird immer besser!

Und dafür braucht man nur zwei einfache Gesetze, in denen das Wort Geld nicht einmal vorkommen muß. Das eine verbietet meinen Untertanen, im Ausland zu kaufen. Und das andere besagt, daß sie so viel wie möglich ins Ausland verkaufen müssen.

Das ist ein kluger Plan.

Ist er neu? Ich sollte meine Erfindung patentieren lassen.

Nicht nötig. Sie sind nicht der erste. Aber Sie müssen eines beachten.

Was denn?

Ich machte Sie zum absoluten Herrscher. Ich kann verstehen, daß Sie Ihre Untertanen daran hindern wollen, ausländische Waren zu kaufen. Es reicht, diese Waren daran zu hindern, ins Land zu gelangen. 30.000 oder 40.000 Zöllner sorgen dafür.

Das wird aber ziemlich teuer. Nun, immerhin geht das Geld, das die bekommen, nicht außer Landes.

Stimmt, denn genau das ist der springende Punkt in unserem System. Aber was wollen Sie tun, um Güter ins Ausland zu verkaufen?

Das würde ich über Preisanreize machen, wozu ich natürlich mein geliebtes Volk zusätzlich besteuern müßte.

In diesem Fall würden die Exporteure aufgrund des Wettbewerbs untereinander die Preise entsprechend senken. Es ist, als würden Sie dem Ausland Preis- bzw. Steuergeschenke machen.

Trotzdem. Das Geld würde im Lande bleiben.

Natürlich. Das steht außer Frage. Aber wenn das System vorteilhaft ist, werden es alle Herrscher ringsum annehmen. Sie werden ähnliche Pläne machen wie Sie. Sie werden ihre Zöllner haben und ausländische Güter an der Einfuhr hindern, damit auch bei ihnen die Geldmenge nicht abnimmt.

Ich werde eine Armee haben und ihre Behinderungen beseitigen.

Sie werden auch eine Armee haben und Ihre auch beseitigen.

Ich werde Kriegsschiffe bauen, Eroberungen machen, Kolonien errichten und so für mein Volk Verbraucher schaffen, die unsere Erzeugnisse abnehmen.

Die anderen Könige werden dasselbe tun. Sie werden Ihre Eroberungen, Ihre Kolonien und Ihre Verbraucher nicht einfach hinnehmen. Dann haben wir überall Krieg und die Welt steht in Flammen.

Ich werde bei uns mehr Steuern eintreiben, mehr Zöllner beschäftigen, Armee und Flotte aufrüsten.

Die anderen werden Sie nachahmen, denn erfahrungsgemäß findet Dummheit immer am schnellsten Nachäffer.

Dann verdoppele ich meine Bemühungen.

Die anderen werden das auch tun. Noch gibt es auch keine Beweise dafür, daß Sie Erfolg haben werden, mehr zu verkaufen.

Das ist nur zu wahr. Es wäre schön, wenn sich das Außenhandelswachstum gegenseitig in Schach halten würde.

Und auch die Kriegstreiberei. Und finden Sie nicht, daß die Zöllner, die Soldaten, die Schiffe, die Steuerbelastungen, dieser ewige Kampf um unmögliche Ergebnisse, dieser permanente Kriegszustand mit der ganzen Welt, daß all das nicht die logische und unvermeidliche Folge davon ist, daß der Gesetzgeber eine Idee zu der seinen machte, von der Sie selbst sagen, daß niemand sie aus freien Stücken annehmen würde, nämlich: "Geld ist Wohlstand, und mehr Geld heißt mehr Reichtum?"

Zugegeben. Entweder die Doktrin ist richtig und dann muß der Gesetzgeber handeln wie beschrieben, auch wenn die Folge weltweite Konflikte sein sollten. Oder sie ist falsch. In diesem Fall vernichten sich die Menschen gegenseitig, um sich wirtschaftlich zu ruinieren.

Und nicht vergessen, bevor Sie Herrscher wurden, führte Sie diese Doktrin in einem logischen Schluß zu folgendem Lehrsatz: "Was der eine gewinnt, verliert der andere. Der Profit des einen ist der Verlust des anderen." Und dieser Lehrsatz bringt unvermeidlich Krieg aller mit allen.

Das ist unstrittig. Ob ich nun Philosoph oder Gesetzgeber bin, ob ich über das Prinzip, daß Geld Wohlstand ist, nachdenke oder danach handele, ich komme immer zu ein und derselben Schlußfolgerung oder zu demselben Ergebnis: Krieg. Gut daß Sie noch vor der Diskussion die Folgen aufzeigten. Sonst hätte ich nie den Mut aufgebracht, Ihren wirtschaftswissenschaftlichen Ausführungen bis zu Ende zu folgen, denn, ehrlich gesagt, das ist nicht so ganz nach meinem Geschmack.

Was meinen Sie damit? Ich stellte nur meine Überlegungen an, als Sie hörten, wie ich meinem Ärger über das Geld Luft machte. Ich klagte, daß meine Landsleute nicht den Mut haben zu studieren, was sie doch unbedingt wissen sollten.

Und doch sind die Folgen erschreckend.

Die Folgen? Ich habe doch erst eine einzige angesprochen. Ich hätte von noch viel schlimmeren reden können.

Ich kriege eine Gänsehaut! Welch anderes Unheil könnte die Menschheit überkommen wegen dieser Verwechslung von Geld und Wohlstand?

Ich bräuchte lange, sie alle aufzuzählen. Diese Doktrin hat zahlreiche Ableger. Der älteste, den wir gerade kennengelernt haben, heißt Einfuhrverbot. Ein weiterer heißt Kolonialsystem. Ein dritter heißt Haß auf Kapital. Und nicht vergessen: Papiergeld.

Was? Papiergeld ist Folge des gleichen Irrtums?

Ja, und zwar unmittelbare Folge. Wenn der Gesetzgeber, nachdem er die Menschen durch Krieg und Steuern ruiniert hat, seine Idee weiterverfolgt, sagt er sich: "Wenn das Volk leidet, liegt das daran, daß zu wenig Geld im Umlauf ist. Wir müssen Geld herstellen." Und weil es nicht einfach ist, Edelmetalle zu vermehren, insbesondere wenn das angebliche Mittel des Importverbots nicht mehr greift, sagen sie: "Wir stellen einfach Scheingeld her. Nichts ist einfacher. Und dann hat jeder Bürger seinen Geldbeutel voll davon und alle werden reich sein."

In der Tat ist dieses Verfahren unkomplizierter als andere und führt auch nicht zu Krieg mit anderen Ländern.

Das vielleicht nicht, aber es führt zu Bürgerkrieg.

Sie sind ein ewiger Pessimist! Kommen Sie doch endlich auf den Grund der Frage. Ich kann es kaum erwarten zu erfahren, ob nun Geld Wohlstand ist oder nicht.

Sie stimmen mir zu, wenn ich sage, daß die Menschen keinen ihrer Wünsche unmittelbar mit Geld befriedigen. Wenn sie hungrig sind, wollen sie Brot. Wenn sie nackt sind, Kleidung. Wenn sie krank sind, Medikamente. Wenn sie frieren, wollen sie Schutz vor Kälte und Brennstoff. Wenn sie lernen wollen, brauchen sie Bücher. Wenn sie reisen wollen, brauchen sie ein Fahrzeug. Und so weiter und so weiter. Der Reichtum eines Landes besteht im Überfluß und in der richtigen Verteilung all dieser Dinge.

Es kann kein Zweifel daran bestehen, daß zwei Nationen genauso wie zwei Menschen, die nichts miteinander zu tun haben, mit Arbeit und Fleiß gleichzeitig wohlhabend werden können, ohne sich zu schaden. Es ist eigentlich selbstverständlich, trägt doch allein der Tausch nichts bei zu der Menge all dieser nützlichen Dinge, von denen Sie sprachen. Wenn nach dem Tausch eine Partei mehr haben sollte, muß freilich die andere etwas verloren haben.

Sie haben da eine sehr mangelhafte oder besser gesagt falsche Vorstellung von Tausch. Wenn A Getreide anbaut, B Obst und C Gemüse, dann schadet ihnen doch ihre unterschiedliche Tätigkeit nicht, sondern macht sie alle drei reicher. Tatsächlich kann es gar nicht anders sein, denn die Arbeitsteilung, die der Tausch bringt, bewirkt ein Mehr an Getreide, Obst und Gemüse, was sie teilen. Wie kann es auch anders sein, wenn man diese Transaktionen nicht behindert. In dem Augenblick, in dem einer meint, daß Arbeiten für andere im Vergleich zu Arbeiten für sich selbst zu einem Verlust führt, hört er doch sofort auf zu tauschen. Tausch an sich bringt uns schon seine Berechtigung zur Kenntnis. Die Tatsache, daß er stattfindet, zeigt doch, daß er eine gute Sache ist.

Geben wir zu, daß in einem bestimmten Augenblick auf der Welt es eine bestimmte Menge Geld gibt, dann ist es völlig klar, daß ein Geldbeutel nicht gefüllt werden kann, ohne einen anderen zu leeren.

Und wenn Gold als Reichtum gilt, ist doch die natürliche Schlußfolgerung, daß sich unter den Menschen Reichtum zwar verlagert, aber kein Fortschritt erzielt wird. Das sagte ich ja schon zu Beginn. Wenn man andererseits wahren Wohlstand im Überfluß von nützlichen Dingen sieht, die dazu dienen, unsere Wünsche und Geschmäcker zu befriedigen, dann sieht man, daß Wohlstand für alle möglich ist. Geld dient nur dazu, den Austausch dieser nützlichen Dinge zu erleichtern, wobei eine

Unze Edelmetall wie Gold genauso gut ist wie ein Pfund eines Metalls, das häufiger vorkommt, wie Silber, oder wie ein Doppelzentner eines noch weniger seltenen Metalls wie Kupfer. Wenn alle Deutschen zweimal soviel besitzen würden wie jetzt, wäre Deutschland demnach doppelt so reich, obwohl die Geldmenge die gleiche wäre. Aber es ist nicht so, wenn es die doppelte Geldmenge gäbe, denn dann würde sich die Zahl der nützlichen Dinge nicht erhöhen.

Die entscheidende Frage ist doch, ob nicht eine Vergrößerung des Geldvolumens genau den Effekt hätte, das Volumen nützlicher Dinge zu vergrößern.

Aber welcher Zusammenhang besteht denn zwischen diesen beiden Begriffen? Lebensmittel, Kleidung, Wohnraum, Brennstoff, all das kommt doch von Natur und Arbeit, von mehr oder weniger geschickter Arbeit in einer mehr oder weniger freigiebigen Natur.

Sie vergessen dabei eine große Macht, nämlich den Tausch. Wenn Sie zugeben, daß es sich dabei um eine Macht handelt, was Sie ja schon zugaben, nämlich daß Geld Tausch erleichtert, dann müssen Sie auch zugeben, daß Geld eine indirekte Macht bei der Herstellung besitzt.

Aber ich habe hinzugefügt, daß eine kleine Menge eines seltenen Metalls den Austausch genauso erleichtert wie eine große Menge eines nicht seltenen Metalls, woraus folgt, daß ein Volk nicht reicher wird, wenn es *unter Zwang* nützliche Dinge für mehr Geld aufgeben muß.

Sind Sie also der Meinung, daß die Goldvorkommen Südafrikas nicht mehr Reichtum auf der Welt schaffen?

Insgesamt glaube ich, daß sie wenig beitragen zur Freude und echten Zufriedenheit der Menschheit. Wenn das Gold in Südafrika nur das ersetzt, was in der Welt verloren und zerstört worden ist, dann hat es sicher seinen Wert. Wenn es aber die Geldmenge vergrößert, wird sie das Geld nur entwerten. Die Minengesellschaften werden reicher, als sie ohne ihr Gold gewesen wären. Aber die, in deren Besitz sich das Gold zum Zeitpunkt der Entwertung befindet, werden weniger für dieselbe Menge bekommen. Ich kann das nicht als Vermehrung sondern lediglich als eine Verschiebung eigentlichen Reichtums sehen, wie ich Reichtum definiert habe.

Das scheint plausibel. Aber Sie können mich nicht so leicht davon überzeugen, daß ich nicht reicher bin, wenn ich zwei Goldstücke besitze, als wenn ich nur eins hätte.

Das bezweifele ich gar nicht.

Und was für mich gilt, gilt auch für meinen Nachbarn und den Nachbarn meines Nachbarn und so weiter, für das ganze Land. Deshalb, wenn jeder Deutsche mehr Geld in der Tasche hat, muß Deutschland reicher sein.

Und genau da erliegen Sie dem allgemeinen Irrtum, wenn sie folgern, daß das, was für einen gilt, auch für alle gelten muß, und verwechseln somit persönliches mit allgemeinem Interesse.

Warum? Was könnte folgerichtiger sein? Was für einen gilt, muß doch für alle gelten! Was sind denn alle außer einer Ansammlung von einzelnen? Sie könnten genauso gut sagen, daß jeder Deutsche plötzlich einen Zoll wachsen würde, ohne damit die Durchschnittsgröße unter Deutschen zu erhöhen.

Offensichtlich ist Ihr Denken nicht falsch, das gebe ich zu, aber gerade deshalb ist der Trug-schluß, der dahintersteckt, so allgemein. Prüfen wir die Sache etwas eingehender.

Zehn Spieler treffen sich in einem Spielsalon. Der Einfachheit halber haben sie die Gewohnheit, zehn Chips zu nehmen und dafür hundert *Auro*[1] zu hinterlegen, so daß jeder Chip zehn *Auro* ent-spricht. Am Ende der Partie rechnet man ab, und die Spieler nehmen die der Menge ihrer Chips ent-sprechende Anzahl *Auro*. Einer von ihnen, ein großer Rechenkünstler vielleicht aber ein schwacher Denker, sieht das und sagt: "Meine Herren, die Erfahrung lehrt mich immer wieder, daß ich am Ende des Spiels um soviel reicher bin, wie ich mehr Chips besitze. Haben Sie dasselbe nicht bei sich selbst beobachten können? Und was für mich gilt, muß für jeden von Ihnen gelten, und *was für jeden gilt, muß für alle gelten*. Deshalb sollten wir also alle am Ende des Spiels mehr gewinnen, wenn wir mehr Chips haben. Nun, nichts ist ein-facher als das. Wir müssen nur die doppelte Menge an Chips verteilen. Und genau das machten sie. Aber als das Spiel zu Ende war und sie abrech-neten, stellten sie fest, daß die tausend *Auro* sich keineswegs auf wunderbare Weise vermehrt

---

1 Von Latein aurum = Gold

hatten, wie allgemein erwartet worden war. Sie mußten entsprechend aufgeteilt werden und das einzige Ergebnis, so phantastisch es auch war, bestand darin: Jeder Spieler hatte seine doppelte Anzahl an Chips, aber jeder Chip entsprach nun nicht mehr *zehn* sondern nur noch *fünf Auro.* Somit konnte man perfekt demonstrieren, daß das, was für jeden einzelnen gilt, nicht immer auch für alle gilt.

Ich verstehe. Sie nehmen eine allgemeine Vermehrung der Chips an, ohne die Geldsumme entsprechend zu vermehren.

Und Sie nehmen eine allgemeine Vermehrung der Geldmenge an, ohne die Dinge, die mit diesem Geld leichter getauscht werden können, zu vermehren.

Vergleichen Sie Geld mit Chips?

Nein, gar nicht. Nur in dem Fall, den Sie mir vorgelegt haben und gegen den ich argumentieren muß. Beachten Sie bitte eines: Um eine allgemeine Geldvermehrung in einem Land zu bewirken, braucht das Land entweder Minen oder seine Wirtschaft muß nützliche Dinge im Austausch gegen Geld erzeugen. Außer diesen beiden Umständen ist keine allgemeine Vermehrung möglich; das Geld geht lediglich von einer Hand in die andere. Und in diesem Fall, obwohl es gut sein kann, daß jeder für sich mehr Geld besitzen kann als vorher, können wir nicht zu der Schlußfolgerung kommen, zu der Sie gerade gekommen sind, weil ein *Auro* mehr im Geldbeutel notwendigerweise einen *Auro* weniger in einem anderen bedeutet. Es verhält sich genau so wie bei Ihrem Vergleich mit der Durchschnitts-größe. Wenn jeder von uns nur auf Kosten anderer wachsen würde, würde es für jeden einzelnen für sich genommen zutreffen, daß er ein größerer Mensch wäre, wenn er die Möglichkeit dazu hätte. Aber das würde nie für die ganze Gruppe gelten.

Mag sein. Aber in Ihren beiden Hypothesen ist der Zuwachs real und Sie müssen mir zustimmen, daß ich recht habe.

Zu einem gewissen Punkt ja. Gold und Silber haben natürlich ihren Wert. Um sie zu bekommen, sind die Menschen bereit, nützliche Dinge wegzu-geben, die auch einen Wert haben. Wenn es also Minen in einem Land gibt und wenn dieses Land genug Gold gewinnt, um nützliche Dinge im Ausland kaufen zu können – ein Flugzeug z.B. –, bereichert es sich mit all den Freuden, die ein Flugzeug bietet, genau so als wenn diese Maschine im Inland hergestellt worden wäre. Die Frage ist, wo es mehr Mühe aufwendet, im ersten oder im zweiten Fall. Denn wenn es das Gold nicht exportiert hätte, würde das Gold an Wert verlieren und Schlimmeres als in Südafrika würde ge-schehen, denn dort gibt es immerhin Edelmetall, mit dem man nützliche Dinge erwerben kann, die anderswo hergestellt werden. Dennoch bleibt die Gefahr, daß sie auf Bergen von Gold verhungern. Was wäre z.B., wenn es gesetzlich verboten wäre, es zu exportieren? Nun zur zweiten Hypothese: Vom Gold, das wir durch Handel erhalten. Es ist ein Vorteil oder Nachteil, je nachdem ob ein Land es braucht oder nicht im Vergleich zu seinem Bedarf an nützlichen Dingen, die es aufgeben muß, um es zu erhalten. Nicht das Gesetz sondern die Betroffenen entscheiden darüber. Denn wenn das Gesetz auf dem Grundsatz steht, daß Geld nützlichen Dingen unabhängig von ihrem Wert vorzuziehen sei, und wenn es dann diesen Grundsatz auch noch durchsetzen würde, dann würde es aus Deutschland ein zweites Südafrika machen, wo es zwar jede Menge Gold aber nichts zu kaufen gäbe. Wir haben es dann mit einem System zu tun, für das der Name Midas steht.

Gold einführen heißt *nützliche Dinge* ausführen. In diesem Sinne wird dem Land eine Befriedigung entzogen. Gibt es aber nicht einen entsprechenden Vorteil? Und wird dieses Gold, wenn es von Hand zu Hand geht, nicht die Quelle einer Reihe von neuen Befriedigungen, indem es Arbeit und Industrie schafft, bis es am Ende seinerseits das Land verläßt und die Einfuhr nützlicher Dinge bewirkt?

Damit treffen Sie den Kern der Frage. Stimmt es, daß ein *Auro* das Prinzip ist, das die Produktion all dieser Gegenstände verursacht, deren Tausch er erleichtert? Es ist ganz klar, daß 1 *Auro* nur 1 *Auro wert* ist. Aber wir neigen dazu zu glauben, daß dieser Wert eine besondere Eigenschaft hat: daß er sich nicht wie andere Dinge zerstört oder daß er sich nur auf sehr lange Sicht zerstört, daß er sich sozusagen bei jedem Tausch erneuert und daß schließlich diese Münze 1 *Auro* wert ist, wie oft sie auch die Hand gewechselt haben mag, daß sie an sich all die Dinge wert ist, für die sie immer wieder eingetauscht wurde. Und das wird geglaubt, weil man annimmt, daß ohne diesen 1 *Auro* diese Dinge nie hergestellt worden wären. Man sagt, der Bäcker hätte weniger Brot verkauft. Als Folge davon hätte er weniger beim Metzger gekauft. Der Metzger wäre nicht so oft zum Gemüsehändler gegangen, der Gemüsehändler zum Arzt, der Arzt zum Anwalt usw.

Das scheint mir unstrittig.

Dann ist es der Augenblick, die wahre Funktion des Geldes zu analysieren, unabhängig von Minen und Einfuhren.

Sie haben einen 1 *Auro*. Was bedeutet der in Ihrer Hand? Er ist wie ein Zeuge und Beweis dafür, daß Sie irgendwann einmal Arbeit verrichtet haben, aus der, statt aus ihr Nutzen zu ziehen, Sie die Gesellschaft in der Person Ihres Kunden Nutzen ziehen lassen. Dieser 1 *Auro* bestätigt, daß Sie der Gesellschaft einen *Dienst* erwiesen haben und außerdem zeigt er den Wert dafür an. Darüber hinaus belegt er, daß Sie von der Gesellschaft noch nicht den *eigentlichen* Gegenwert erhalten haben, auf den Sie ein Recht haben. Um Sie in die Lage zu versetzen, dieses Recht wann und wie Sie wollen auszuüben, hat die Gesellschaft durch Ihren Kunden Ihnen eine *Bestätigung*, einen *Titel*, einen *Staatsbon*, einen *Chip* und zuletzt den 1 *Auro* gegeben, der sich von Geldtiteln nur insofern unterscheidet, als er den Wert in sich trägt. Und wenn Sie mit offenem Geist lesen können, können Sie klar die folgende Aufprägung mitlesen: *"Leisten Sie an den Berechtigten den gleichen Dienst, den er an die Gesellschaft geleistet hat, den Gegenwert wie dargestellt, bestätigt und bemessen durch den Wert, der in mir steckt."*

Nun geben Sie Ihren 1 *Auro* an mich ab. Sei es

kostenlos oder als Forderung. Wenn Sie ihn an mich als Bezahlung einer Dienstleistung geben, dann gibt es folgendes Ergebnis: Ihre Rechnung mit der Gesellschaft ist beglichen, erledigt und abgeschlossen. Sie haben für einen *Auro* einen Dienst geleistet und nun nehmen Sie sich den *Auro* für einen Dienst wieder zurück. Was Sie angeht, sind Sie quitt. Was mich angeht, so finde ich mich in der Lage, in der Sie gerade waren. Nun bin ich es, dem die Gesellschaft etwas schuldet für den Dienst, den ich ihr gerade geleistet habe in Ihrer Person. Ich wurde ihr Gläubiger für den Wert der Arbeit, die ich für Sie verrichtet habe und die ich mir selbst genehmigen mag. Der Titel dieser Vorleistung – der Beweis für diese Schuld an die Gesellschaft – muß an mich zurückgehen. Sie können nicht sagen, ich bin in irgendeiner Weise reicher. Wenn ich ein Recht darauf habe, dann deshalb, weil ich schon gegeben habe. Noch weniger können Sie sagen, daß die Gesellschaft um einen *Auro* reicher ist, nur weil eines ihrer Mitglieder einen *Auro* mehr hat und ein anderes einen *Auro* weniger. Denn auch wenn ich diesen *Auro* umsonst bekäme, trifft es zu, daß ich um diesen einen *Auro* reicher und Sie ärmer wären. Und das Sozialvermögen, insgesamt gesehen, ändert sich nicht, weil, wie ich schon sagte, dieses Vermögen aus wirklichen Leistungen besteht, aus tatsächlichen Befriedigungen, aus nützlichen Dingen. Sie sind der Gesellschaft gegenüber ein Kreditgeber, Sie übergaben mir ihre Rechte, aber das bedeutet für die Gesellschaft, die einen Dienst schuldet, wenig, ob sie nun die Schuld an Sie oder an mich begleicht. Die Schuld ist beglichen, sobald der Berechtigte bezahlt ist.

Aber wenn wir alle eine Menge *Auro* hätten, sollten wir von der Gesellschaft viele Leistungen bekommen. Wäre das nicht sehr *wünschenswert*?

Sie vergessen, daß im Prozeß, den ich beschrieben habe und der die Wirklichkeit wiedergibt, wir nur Leistungen von der Gesellschaft erhalten, weil wir ihr Leistungen erbracht haben. Wer auch immer von einer *Leistung* spricht, spricht gleichzeitig von einer *erhaltenen* und *zurückgegebenen* Leistung, denn beide bedingen sich gegenseitig, so daß eines immer vom anderen ergänzt wird. Der Gesellschaft ist es unmöglich, mehr Leistungen zu geben, als sie bekommt, und dennoch ist es ein Traum, der mit der Vermehrung von Münzen und Papiergeld usw. verfolgt wird.

All das erscheint in der Theorie sehr vernünftig, aber in der Praxis komme ich nicht umhin zu denken, wenn ich mir ansehe, wie die Dinge laufen, daß wir alle zufriedener wären, wenn sich die Zahl der *Auro* auf wunderbare Weise so vermehren würde, daß jeder sein kleines Vermögen verdoppeln könnte. Wir könnten mehr kaufen und der Handel würde mächtig angekurbelt werden.

Mehr Einkäufe! Und was sollten wir kaufen? Zweifelsohne nützliche Gegenstände: Dinge, die uns wirklich zufriedenstellen, Bekleidung, Häuser, Bücher, Gemälde. Sie müßten dann beweisen, daß all diese Dinge sich selbst erzeugen. Die Münzanstalt schmilzt dann Goldklumpen, die vom Mond gefallen sind. Oder die Druckerpresse wird angeworfen, um Geld zu drucken. Denn Sie können vernünftigerweise nicht denken, daß bei unveränderter Quantität von Getreide, Stoff, Schiffen,

Autos und Schuhen der Anteil eines jeden von uns wachsen kann, nur weil jeder von uns mit einer größeren Menge an echtem oder fiktivem Geld zum Markt geht. Denken Sie an die Spieler zurück. Es waren die nützlichen Dinge, die die Spieler hinterlegten, und die *Auro*, die von Hand zu Hand gehen, sind nur die Chips. Wenn man das Geld vermehrt, ohne gleichzeitig die nützlichen Dinge zu vermehren, besteht das einzige Ergebnis darin, daß bei jedem Tausch mehr Geld erforderlich ist, genau so wie die Spieler mehr Chips verlangt haben für ihr hinterlegtes Geld. Das was bei Gold, Silber und Kupfer passiert, ist der beste Beweis dafür. Warum ist im gleichen Tauschakt mehr Kupfer als Silber, mehr Silber als Gold erforderlich? Liegt es nicht daran, daß diese Metalle auf der Welt in unterschiedlichen Mengen vorkommen? Welches Argument haben Sie, wenn, sagen wir, Gold plötzlich so reichlich vorkäme wie Silber? Würde man dann nicht soviel von einem wie vom anderen benötigen, um ein Haus zu kaufen?

Das mag schon sein, aber mir wäre lieber, Sie hätten Unrecht. Inmitten des Elends, das um uns herum herrscht, so erbärmlich es ist und so gefährlich in seinen Folgen, habe ich doch Trost gefunden im Glauben, daß es eine einfache Methode gäbe, alle Menschen glücklich zu machen.

Selbst wenn Gold und Silber wirkliche Reichtümer wären, wäre es keine leichte Sache, ihre Menge in einem Land zu erhöhen, in dem es keine Minen gibt.

Nein, das nicht, aber es ist leicht, sie durch etwas anderes zu ersetzen. Ich stimme Ihnen zu, wenn Sie sagen, daß Gold und Silber nur wenig Leistung erbringen, außer eben als Tauschmittel. Dasselbe gilt für Papiergeld, Banknoten usw. Hätten alle von uns jede Menge Papiergeld, das ja so leicht herzustellen ist, würden wir jede Menge kaufen können und hätten keine Bedürfnisse mehr. Ihre grausame Theorie zerstört Hoffnungen und Illusionen, deren Grundlage sicherlich philanthropisch ist.

Genau wie all die anderen Hirngespinste, die vorgeben, alle glücklich zu machen. Die unglaubliche Einfachheit der Mittel, die Sie vorschlagen, genügt, um ihre Leere aufzuzeigen. Glauben Sie wirklich, wenn es nur nötig wäre, Banknoten zu drucken, um alle unsere Wünsche, unsere Geschmäcker, unsere Bedürfnisse zu befriedigen, dann hätte die Menschheit bis heute auf die Verwirklichung dieses Plans verzichtet? Ich stimme Ihnen zu, daß die Erfindung verlockend ist. Sie würde von der Welt im Handumdrehen nicht nur Ausplünderung in ihren vielfältigen und schlimmen Formen verbannen sondern auch Arbeit – außer der des Zentralbankrats natürlich. Aber leider müssen wir noch lernen, wie man mit Papier Häuser kauft, die niemand baut. Wie Getreide, das niemand anbaut. Oder Stoffe, die niemand webt.

Ein Punkt in Ihrer Argumentation fällt mir ins Auge. Sie sagen doch selbst, daß es ohne Gewinn auch keinen Verlust gibt, wenn man das Instrument des Handels vermehrt, wie man bei den Spielern sehen konnte, die aufgrund einer kleinen Täuschung am Ende quitt waren. Warum aber den Stein des Weisen zurückweisen, der uns immerhin lehren würde, wie man Flintstein zu Gold und dann

Gold zu Papiergeld umwandelt? Folgen Sie Ihrer Logik so blind, daß Sie ein risikoloses Experiment ablehnen? Wenn Sie falsch liegen, dann verweigern Sie dem Land, wie Ihre zahlreichen Gegner glauben, einen immensen Vorteil. Wenn der Irrtum aber auf deren Seite liegt, dann folgt daraus nichts, außer eine Hoffnung weniger. Der Maßstab, der ihrer Meinung nach ausgezeichnet ist, ist bei Ihnen negativ. Versuchen wir es mal. Das schlimmste, was passieren kann, ist nicht die Einlösung eines Übels sondern lediglich die Nichteinlösung eines Gutes.

Zunächst ist es schon mal ein großes Unglück für ein Volk, wenn eine Hoffnung nicht erfüllt wird. Es ist auch gar nicht wünschenswert, daß die Regierung ankündigt, den Glauben an eine Ressource, die sich früher oder später in Luft auflöst, mehrfach zu besteuern. Dennoch wäre Ihre Bemerkung einer Überlegung wert, wenn sich bei allen Dingen und in jedem Landesteil nach Ausgabe von Papiergeld und seiner Entwertung ein Gleichgewicht an Werten unverzüglich und gleichzeitig einstellen würde. Diese Maßnahme tendiert, wie in meinem Bespiel mit den Spielern, zu einer allgemeinen Verklärung, wo noch das beste, was wir tun könnten, ist, uns anzusehen und zu lachen. Aber das ist nicht der Lauf der Dinge. Das Experiment wurde schon durchgeführt, und jedesmal hat ein Despot die Währung reformiert ...

Wer redet von Währungsreform?

Mein Gott! Menschen zu zwingen, Papierfetzen in Zahlung zu nehmen, die man offiziell *Aero*[2]

---

2 Von Latein aer = Luft

getauft hat, oder sie zu zwingen, vergoldete Stücke anzunehmen statt Goldstücke, nur weil man sie offiziell *Auro* genannt hat, ist doch dasselbe, wenn nicht schlimmer. Und alle die Überlegungen, die man zugunsten von Papiergeld anstellen kann, wurden ja schon zugunsten von gesetzlichem Falschgeld angestellt. Sicher, sieht man die Dinge so wie Sie eben und offensichtlich immer noch und glaubt, eine Vermehrung der Tauschmittel bedeutet eine Vermehrung der Tauschaktionen und der getauschten Dinge, dann kann man vernünftigerweise denken, daß das einfachste wäre, die Anzahl der *Aero* zu verdoppeln und gesetzlich festzulegen, daß die Hälfte den Namen und Wert des Ganzen erhält. Nun, in beiden Fällen ist eine Entwertung unvermeidlich. Ich glaube Ihnen schon den Grund genannt zu haben. Ich muß Ihnen jetzt nur noch demonstrieren, daß diese Entwertung, die bei Papier so lange weitergeht, bis sein Wert auf null steht, nur geht, wenn man die Leute ständig versetzt, wobei die Geprellten in erster Linie die kleinen Leute, Arbeiter und Lohnabhängige sind.

Ich verstehe. Aber einen Augenblick. Diese Dosis Wirtschaftstheorie ist zu stark auf einmal.

Kann schon sein. Wir stimmen in einem Punkt überein, nämlich daß Wohlstand in einer Unzahl von nützlichen Dingen besteht, die wir mittels Arbeit erzeugen. Oder, besser noch, im Ergebnis all unserer Bemühungen, die wir anstellen, um unsere Wünsche und Geschmäcker zu befriedigen. Diese nützlichen Dinge werden getauscht, je nach Belieben derer, denen sie gehören. Von diesen Transaktionen gibt es zwei Arten: die eine heißt Tausch. In diesem Fall wird eine Leistung gegen eine gleichwertige Leistung unverzüglich abgegeben. So sind Tauschvorgänge natürlich extrem eingeschränkt. Damit sie sich vermehren und auch unabhängig von Zeit und Raum zwischen Menschen, die sich nicht kennen, in unendlichen Schritten erfolgen können, ist ein Vermittler notwendig, nämlich Geld. Es ermöglicht den Tauschverkehr, der nichts anderes ist als ein komplizierter Tauschvorgang. Das gilt es zu beachten und zu verstehen. Tauschverkehr zerfällt in zwei Schritte, in zwei Teile, nämlich Verkauf und Kauf, deren Wiedervereinigung erforderlich ist, um den Tauschverkehr abzuschließen. Man *verkauft* eine Leistung und erhält dafür einen *Aero*. Dann *kauft* man mit diesem *Aero* eine Leistung. Dann erst ist der Handel abgeschlossen. Erst dann folgt der Bemühung die eigentliche Befriedigung. Man sieht, man arbeitet nur, um die Wünsche anderer zu befriedigen, damit andere die eigenen befriedigen. Solange man nur den *Aero* besitzt, den man für Arbeit erhalten hat, besteht nur ein Anspruch auf die Arbeit eines anderen Menschen. Danach ist der wirtschaftliche Ablauf für einen abgeschlossen, denn dann erst hat man die Belohnung für seine Mühe durch echte Genugtuung erhalten. Die Idee eines Tauschvorgangs beinhaltet eine erbrachte Leistung und eine erhaltene Leistung. Warum sollte der Tauschvorgang sich auch anders darstellen, wo er doch lediglich ein Tausch in zwei Abschnitten ist.

Zwei Bemerkungen hierzu: erstens ist es ein ganz unwesentlicher Umstand, ob es viel oder wenig Geld auf der Welt gibt. Gibt es viel, so ist viel nötig. Gibt es wenig, so ist für jeden Tauschvorgang wenig vonnöten. Die zweite Beobachtung ist folgende: da man bei jedem Tauschvorgang Geld auftauchen sieht, hat man es am Ende als *Zeichen* und *Maßeinheit* der getauschten Dinge angesehen.

Verleugnen Sie immer noch, daß Geld das Zeichen der nützlichen Dinge ist, von denen Sie sprechen?

Ein *Auro* ist nicht mehr das Zeichen für einen Sack Getreide als ein Sack Getreide ein Zeichen für einen *Auro*.

Was schadet es, in Geld ein Zeichen von Wohlstand zu sehen?

Der Nachteil liegt darin, daß das zur Idee verleitet, daß wir nur das Zeichen vergrößern brauchen, um die bezeichneten Dinge zu vergrößern. Und wir laufen Gefahr, all die falschen Maßnahmen zu ergreifen, die Sie durchführten, als ich Sie zu einem absoluten Herrscher machte. Wir sollten noch einen Schritt tun. So wie wir in Geld das Zeichen von Wohlstand sehen, so sehen wir auch in Papiergeld das Zeichen von Geld und schließen dann, daß es eine sehr einfache und simple Methode gibt, jeden reich zu machen.

Aber Sie gehen nicht so weit und bestreiten, daß Geld ein *Maßstab* für Werte ist?

Doch, natürlich gehe ich so weit, denn genau da liegt ja der Trugschluß. Es ist normal geworden, den Wert aller Dinge in Geld anzugeben. Man sagt, das ist fünf, zehn oder zwanzig *Auro wert*, so wie wir sagen, das *wiegt* fünf, zehn oder zwanzig Gramm, das *mißt* fünf, zehn oder zwanzig Meter, die Fläche *beträgt* fünf, zehn oder zwanzig

Quadratmeter. Und schon schließen wir, daß Geld das Maß der Werte ist.

Nun, es sieht so aus.

Ja, es sieht so aus und das beklage ich. Aber die Wirklichkeit ist anders. Ein Gewicht, ein Längen- oder Flächenmaß ist eine festgelegte und unveränderliche Größe. Beim Wert von Geld aber verhält es sich nicht so. Der Wert schwankt genauso wie bei Getreide, Wein, Stoff oder Arbeit, und das aus den gleichen Gründen, denn er hat dieselbe Wurzel und gehorcht denselben Gesetzen. Gold wird uns zur Verfügung gestellt, wie Eisen, durch die Arbeit der Bergarbeiter, die Vorleistungen von Kapitalgebern und die Zusammenarbeit von Händlern und Seeleuten. Es kostet mehr oder weniger, je nach seinen Produktionskosten, je nachdem ob viel oder wenig auf dem Markt ist und je nachdem ob die Nachfrage dafür groß oder klein ist. In einem Wort, es unterliegt den Schwankungen aller anderen menschlichen Erzeugnisse. Ein Umstand freilich ist einzigartig und gibt Anlaß zu vielen Irrtümern. Wenn der Wert des Geldes schwankt, dann wird die Schwankung sprachlich verbunden mit den anderen Erzeugnissen, wogegen es getauscht wird. Nehmen wir einmal an, alle Umstände in Bezug auf Gold bleiben gleich, aber die Getreideernte war schlecht. Dann wird der Preis für Getreide steigen. Man wird sagen: "Der Zentner Getreide, der zwanzig *Auro* wert war, ist nun dreißig wert." Und das stimmt auch, denn das ist der Wert des Getreides, der eben schwankte. Die Sprache bringt diese Wirklichkeit zum Ausdruck. Aber nehmen wir umgekehrt an, daß alle Umstände in Bezug auf Getreide gleich bleiben und daß die

Hälfte des vorhandenen Goldes verschwindet. Dieses Mal steigt der Preis für Gold. Es scheint, wir sollten sagen: "Dieses Goldstück, das einmal hundert *Auro wert war, ist jetzt* vierzig *wert.*" Aber wissen Sie, wie man sich dann ausdrückt? So als wären alle Vergleichsgegenstände im Preis gefallen. Man sagt: "Getreide, das zwanzig *Auro wert war, ist jetzt nur noch* zehn *wert.*"

Letztendlich ist das doch dasselbe.

Zweifelsohne. Aber denken Sie mal, was für ein Durcheinander, was für Gaunereien in Tauschvorgängen erfolgen, wenn der Wert eines Zahlungsmittels schwankt, ohne daß wir das durch Namensänderung bemerken! Neue Münzen werden herausgegeben oder Banknoten mit der Aufschrift zwanzig *Auro,* und diese Bezeichnung bleibt bei jeder Entwertung unverändert. Der Wert fällt um ein Viertel, die Hälfte, und dennoch sagt man Münzen oder Noten. Kluge Menschen achten darauf, daß sie ihre Waren gegen eine höhere Anzahl von Banknoten abgeben. In anderen Worten: sie verlangen vierzig *Auro,* wo Sie vordem für zwanzig verkauft hätten. Aber einfältige Menschen lassen sich leicht täuschen. Viele Jahre müssen vergehen, ehe alle Werte wieder neu bewertet sind. Unter dem Einfluß von Unwissen und Gewohnheit wird der Stundenlohn eines Frisörs für lange Zeit bei 10 *Auro* stehen, während die Verkaufspreise aller Konsumartikel steigen. Er fällt in Armut, ohne den Grund dafür zu erfassen. Kurz, da Sie ja wollen, daß ich zum Ende komme, muß ich sie darum bitten, bevor wir auseinandergehen, daß Sie Ihr Augenmerk auf diesen wesentlichen Punkt richten: Wenn einmal Falschgeld (in welcher Form auch immer) in Umlauf ist, folgt Entwertung, was sich im Preisanstieg aller vermarktbaren Dinge zeigt. Aber dieser Preisanstieg kommt nicht plötzlich und ist auch nicht für alle Dinge gleich. Kluge Köpfe, Banker und Geschäftsleute werden darunter nicht leiden, denn es ist ihr Beruf, die Preisschwankungen zu beobachten, ihre Ursachen zu erforschen und sogar darauf zu spekulieren. Aber den kleinen Mann erwischt es voll. Der Reiche ist deshalb nicht reicher, aber der Arme wird dadurch ärmer. Deshalb bewirken derartige Vorfälle einen größeren Abstand zwischen Arm und Reich und eine Lähmung der sozialen Tendenzen, ständig Menschen einander anzugleichen. Es wird sehr lange dauern, bis die verarmten Gesellschaftsschichten wieder den Boden zurückgewinnen, den sie auf ihrem Weg zu *gleichen Bedingungen* verloren haben.

Bis dann. Ich gehe jetzt und denke über den Vortrag nach, den Sie mir gehalten haben.

Haben Sie schon Ihre eigenen Überlegungen abgeschlossen? Ich habe nämlich kaum mit meinen begonnen. Ich habe noch nicht über den *Haß auf Kapital*, über *zinsfreien Kredit* und dergleichen gesprochen. Wie traurig, welch ein beklagenswerter Irrtum, der aus der gleichen Quelle gespeist wird!

Was? Kommt diese Unzufriedenheit des kleinen Mannes gegen "die Kapitalisten" etwa daher, daß Geld mit Wohlstand verwechselt wird?

Diese Verwechslung hat vielfältige Ursachen. Leider haben sich einige wenige Kapitalisten Monopole und Privilegien verschafft, die dieses Gefühl erklären. Aber immer wenn die Theoretiker der Volksverführung sie zu rechtfertigen, zu systematisieren, ihr den Anstrich einer vernünftigen Meinung zu geben und sie gegen das innere Wesen des Kapitals zu wenden wünschen, dann greifen sie zurück auf eine falsche Wirtschaftslehre, der immer dieselbe Verwirrung zugrundeliegt. Sie sagen den Menschen: "Nimm einen *Auro* und lege ihn unter das Kopfkissen. Vergiß ihn ein Jahr lang. Dann komm wieder und schau. Du wirst überzeugt sein, daß er nicht zehn Cent, auch nicht fünf oder auch nur einen Bruchteil eines Cent erzeugt hat. Also, Geld bringt keine Zinsen." Dann ersetzen sie das Wort Geld durch das angeblich gleichbedeutende Wort *Kapital* und schon haben sie in ihrer *Logik* diese Veränderung bewirkt: "Kapital bringt folglich keine Zinsen." Daraus folgt eine Reihe von Konsequenzen: "Wer Kapital verleiht, darf deshalb keine Zinsen dafür erhalten; wer dir Kapital leiht und dabei was verdient, beraubt dich deshalb; alle Kapitalgeber sind deshalb Räuber; Wohlstand, der denen, die ihn beleihen, zinslos dienen soll, gehört deshalb in Wahrheit denen, denen er nicht gehört; deshalb gibt es nicht so etwas wie Eigentum; deshalb gehört alles allen; deshalb ..."

Das ist aber sehr schlimm. Umso mehr als es von einem so schönen Schluß herrührt. Ich würde über dieses Thema gerne noch mehr erfahren, aber leider verliere ich langsam meine Konzentration. In meinem Kopf schwirren die Wörter *Geld, Leistung, Kapital, Zinsen* herum, so daß ich schon fast nicht mehr weiß, wo ich mich befinde! Wir sprechen an einem anderen Tag weiter, wenn Sie nichts dagegen haben. Ich weiß nur noch nicht, ob Ihre Ansichten punkto Geld und Wirtschaft im allgemeinen richtig sind. Aus unserem Gespräch habe ich aber folgendes gelernt: nämlich daß diese Fragen von höchster Bedeutung sind. Denn die Antworten auf sie entscheiden über Krieg oder Frieden, Ordnung oder Chaos, Eintracht oder Zwietracht unter den Menschen. Wie kommt es, daß eine Wissenschaft, die uns alle so unmittelbar betrifft und deren Verbreitung so entscheidenen Einfluß auf das Schicksal der Menschheit hätte, in Deutschland so gut wie unbekannt ist? Kommt es vielleicht daher, daß der Staat sie nicht genügend lehrt?

Nicht wirklich. Denn ohne sie zu kennen, ist es so, daß die Köpfe der Menschen mit Vorurteilen gefüllt sind und die Herzen mit Gefühlen, die Chaos, Krieg und Haß begünstigen. Wenn die Menschen dann auf eine Theorie stoßen, die Ordnung, Frieden und Eintracht verspricht, dann nützt es ihr nichts, daß sie Klarheit und Wahrheit auf ihrer Seite hat. Sie wird einfach abgelehnt.

Ich sehe schon, Sie sind ein hoffnungsloser Pessimist. Welches Interesse kann der Staat schon haben, die Menschen zu täuschen und dadurch Revolutionen, Bürgerkrieg und militärische Auseinandersetzungen heraufzubeschwören? Sicher übertreiben Sie.

Denken Sie mal nach. In der Zeit, in der sich unsere intellektuellen Fähigkeiten zu entwickeln beginnen, in dem Alter, in dem Eindrücke am stärksten sind und Denkgewohnheiten sich am leichtesten formen lassen, gerade wenn wir Einblick in die Gesellschaft erhalten und sie zu verstehen beginnen, in einem Wort wenn wir sieben oder acht Jahre alt sind, was macht der Staat? Er legt uns eine Augenbinde an, reißt uns aus unserer vertrauten Umgebung heraus und wirft uns mit unserer Aufnahmefähigkeit, unseren leicht zu beeinflussenden Herzen hinein mitten in die römische Gesellschaft. Zehn Jahre lang hält er uns dort fest, lange genug um uns einer gründlichen Gehirnwäsche zu unterziehen. Nun, sehen Sie, die römische Gesellschaft ist das genaue Gegenteil von dem, was unsere Gesellschaft eigentlich sein sollte. Dort lebte man vom Krieg; hier müssen wir Krieg hassen. Dort haßte man Arbeit; hier müssen wir von Arbeit leben. Dort war der Lebensunterhalt auf Sklaverei und Plünderung gegründet; hier sollte die Arbeit frei sein. Die römische Gesellschaft war nach ihrem Prinzip organisiert: sie mußte bewundern, was sie zur Blüte brachte. Dort betrachteten sie als Tugend, was wir als Laster ansehen. Ihre Dichter und Geschichtsschreiber hatten zu loben, was wir verachten sollten. Schon die Begriffe *Freiheit, Ordnung, Gerechtigkeit, Volk, Ehre, Einfluß* usw. konnten in Rom nicht dieselbe Bedeutung annehmen, die sie heute haben oder haben sollten. Wie können Sie erwarten, daß all diese jungen Leute, die an Gymnasien und Universitäten lernen, Gedanken anderer nachzuplappern und auf Handzeichen in staatsbejahende Worthülsen auszuspucken, einen Sinn für Freiheit und Würde entwickeln? Wie können Sie erwarten, daß sie nicht streitsüchtig und kriegsbegeistert sind? Wie können Sie von ihnen erwarten, daß sie auch nur das geringste Interesse daran haben zu begreifen, wie soziale Ordnung funktioniert? Denken Sie, ihre Köpfe sind darauf vorbereitet, das zu verstehen? Sehen Sie nicht, daß sie, um das

verstehen zu können, nicht erst sich ihrer Denk-
faulheit und der daraus resultierenden Sprech-
blasen entledigen und wirkliches Denken erst erfahren müßten?

Was schließen Sie daraus?

Ich sage es Ihnen. Von allergrößter Bedeutung
ist, daß der Staat nicht lehrt sondern Bildung
erlaubt. Alle Monopole sind abscheulich, aber das
übelste von allen ist das Bildungsmonopol des
Staates.

8

KRIEG

Von all den Umständen, die ein Volk zu dem machen, was es ist, seine moralischen Werte, seinen Charakter, seine Sitten, seine Gesetze und seinen einzigartigen Geist, ist seine Art, seine Existenz zu sichern, diejenige, die alle anderen überschattet, weil sie praktisch alle anderen einschließt.

Dieser Umstand tangiert die Menschheit auf zweierlei Weisen: erstens ist er eine ständige Sorge und zweitens ist er eine Sorge, die jeder hat. Sich seinen Lebensunterhalt verdienen, sich am Leben halten, seinen Zustand verbessern, eine Familie aufziehen, das sind nicht Fragen des Geschmacks, der Meinung oder der persönlichen Wahl, sondern vielmehr tägliche, lebenslange, unausweichliche Anliegen aller Menschen zu allen Zeiten und an allen Orten.

Überall ist der Hauptteil der körperlichen, geistigen und moralischen Kräfte des Menschen direkt oder indirekt darauf gerichtet, sich den Lebensunterhalt zu verdienen oder zu erhalten. Der Jäger, der Fischer, der Schafzüchter, der Bauer, der Fabrikant, der Geschäftsmann, der Arbeiter, der Handwerker, der Kapitalgeber, sie alle denken zuallererst daran, Körper und Seele zusammenzuhalten, wie man so schön sagt, und zweitens daran, nach Möglichkeit besser und besser zu leben. Deshalb sind sie ja Jäger, Fabrikanten, Bauern usw. Auch der Beamte, der Soldat, der Richter wählen ihren Beruf, weil sie ihre Wünsche befriedigen wollen. Das trifft sogar zu für den Mann, der von Uneigennützigkeit und Selbstaufopferung predigt. Schließlich ist ein Priester auch nur ein Mensch.

Keineswegs möchte ich infragestellen, daß es Selbstaufopferung gibt. Beispiele sind, wie jeder zugeben wird, selten und deshalb gilt sie als bewunderswert. Nehmen wir aber die Menschheit als ganzes, so müssen wir zugestehen, daß uneigennützige Handlungen in keinster Weise zahlenmäßig mit denen verglichen werden können, die von den harten Notwendigkeiten unserer Natur vorgeschrieben sind. Und weil diese Handlungen so einen breiten Raum einnehmen im Leben jedes einzelnen, müssen sie notwendigerweise unser aller Leben stark beeinflussen.

Der Mensch, und dasselbe könnte von ganzen Völkern gesagt werden, kann seinen Lebensunterhalt nur auf die eine oder andere der beiden Weisen sichern: entweder er erzeugt ihn oder aber er stiehlt ihn.

Jede der beiden beinhaltet eine Reihe von Schritten.

Wir können unseren Lebensunterhalt *erzeugen* durch Jagen, Fischen, Anbau usw. Wir können ihn auch *stehlen* mittels Bosartigkeit, Gewalt, Zwang, Betrug, Krieg usw.

Wenn es genügt, innerhalb des Bereichs der jeweiligen Kategorie die Vorherrschaft der einen oder anderen zu sichern, um zwischen den Ländern erhebliche Unterschiede zu schaffen, um wieviel größer müssen diese Unterschiede dann sein zwischen einem Volk, das von Produktion lebt und einem, das von Raub lebt!

Keine einzige unserer Fähigkeiten wird von unserem Bedürfnis, für unser Leben zu sorgen, nicht gebraucht. Und was könnte eher die soziale Lage der Völker ändern, als das, was alle menschlichen Fähigkeiten verändert?

Diese Überlegung hat trotz ihrer Bedeutung so wenig Aufmerksamkeit erhalten, daß ich mich einen Moment damit aufhalten muß.

Damit der Mensch Befriedigung findet, muß er eine bestimmte Menge Arbeit ausgeführt haben. Daraus folgt, daß Raub in allen Varianten Produktion nicht ausschließt, sondern vielmehr voraussetzt.

Und dieser Gedanke, so scheint mir, mäßigt etwas die Vernarrtheit der Historiker, Dichter und Schriftsteller in heroische Epochen, in denen ihnen zufolge noch nicht das vorherrschte, was sie als

Industrialisierung bezeichnen. Damals wie heute jedoch mußten die Menschen leben. Und damals wie heute bewerkstelligte das mühsam Arbeit. Nur sind einige Länder, einige Klassen, einige Personen hochgestiegen und luden auf andere Länder, andere Klassen, andere Personen Mühsal und Plackerei.

Das besondere Merkmal der Produktion besteht darin, aus dem Nichts Befriedigung zu schaffen, wodurch das Leben erhalten und verschönert wird, so daß eine Einzelperson oder ein ganzes Volk in die Lage versetzt wird, diese Befriedigungen unendlich zu vermehren, ohne anderen Einzelpersonen oder Völkern irgendwelche Entbehrungen aufzuzwingen. Ganz im Gegenteil! Denn das sorgfältige Studium des Wirtschaftsprozesses einer freien Gesellschaft hat uns gezeigt, daß der Erfolg von einer Person bei ihrer Arbeit die Erfolgschancen anderer bei deren Arbeit verbessert.

Das besondere Merkmal von Raub besteht in seiner Unfähigkeit, eine Befriedigung ohne entsprechende Wegnahme zu erreichen, denn er erzeugt nichts. Er nimmt das, was durch die Arbeit anderer bereits geschaffen worden ist. Er schließt den Gesamtverlust aller Mühen ein, die für beide Parteien entstehen. Weit davon entfernt, die Menschheit mit Freuden zu erfüllen, nimmt er ihr Freude. Und darüber hinaus teilt er die Freuden jenen zu, die sie nicht verdienen.

Um zu produzieren, müssen wir alle unsere Kräfte auf die Eroberung der Natur richten, denn sie ist es, die bekämpft, beherrscht und unterjocht werden muß. Deshalb wurde die eiserne Pflugschar zum Symbol von Produktion.

Um zu rauben, müssen wir alle unsere Kräfte auf die Eroberung von Menschen richten, denn sie sind es, die bekämpft, getötet und versklavt werden müssen. Deshalb wurde das Schwert zum Symbol für Raub.

So groß der Unterschied zwischen Pflugschar, die uns ernährt, und Schwert, das uns tötet, auch sein mag, so groß muß der Unterschied zwischen einem Land mit Arbeitern und einem Land mit Räubern sein. Die beiden haben nichts miteinander gemein. Sie teilen nicht dieselben Ideen, dieselben Standards, denselben Geschmack, denselben Charakter, dieselben Sitten, dieselben Gesetze, dieselbe Moral oder dieselbe Religion.

Und sicher einer der traurigsten Anblicke, die sich jedem Menschenfreund darstellen, ist der, daß ein produktives Zeitalter alles daransetzt, sich zu infizieren mit den Gedanken, Gefühlen, Irrtümern, Vorurteilen und Schwächen einer Nation von Plünderern, und zwar durch Erziehung. Unsere Zeit wird oft beschuldigt, inkonsistent zu sein, keine Beziehung zu haben zwischen den Idealen, zu denen man sich bekennt, und dem Leben, das man lebt. Diese Kritik ist berechtigt, und ich habe hier den Hauptgrund für diese Situation aufgezeigt.

Raub durch Krieg, also die direkteste weil einfachste und unverhüllte Form des Raubes, hat seine Wurzeln im Herzen des Menschen, in der Natur des Menschen, in der universellen Antriebskraft, die die Gesellschaft bewegt: die Suche des Menschen nach Befriedigung und das Vermeiden von Schmerz. Anders gesagt: in der Antriebskraft, die in uns allen steckt, nämlich Eigennutz.

Ich bin jetzt keineswegs beunruhigt, keiner zu sein, der Eigennutz anklagt. Bislang mag der Leser vielleicht gedacht haben, daß meine Verehrung dieses Prinzips einer Vergötterung gleichkam, daß ich ihn nur als glückliche Folge für die Menschheit sah, vielleicht daß ich ihn höher bewertete als Altruismus, Hingabe, Selbstaufopferung. Nein, ich habe von einer Bewertung abgesehen. Ich habe lediglich festgestellt, daß Eigennutz existiert und allmächtig ist. Ich würde seine allmächtige Natur schlecht einschätzen und ich würde mir widersprechen, wenn ich Eigennutz als universale Triebkraft der Menschheit bezeichnete, aber nicht auch verweisen würde auf Zwietracht, genau so wie ich vorher betonte, daß er die Quelle der Gesetze ist, die die Harmonie der sozialen Ordnung regeln.

Der Mensch strebt, wie wir gesagt haben, unaufhaltsam danach, sich zu erhalten, sein Los zu verbessern und Glück, so wie er es definiert, zu finden oder ihm wenigstens nahezukommen.

Nun, Arbeit, die Leistung, die der Mensch in der Auseinandersetzung mit der Natur einsetzen muß, um etwas zu produzieren, ist schmerzhaft und mühsam. Aus diesem Grund ist der Mensch der Arbeit abgeneigt und verrichtet sie nur, wenn er sie als Mittel zur Vermeidung eines noch größeren Übels braucht. Vom philosophischen Gesichtspunkt aus gibt es die einen, die sagen, daß die Arbeit ein Segen ist. Sie haben recht im Hinblick auf die Ergebnisse. Relativ gesehen ist sie natürlich ein Segen, nämlich eben ein Übel, das uns noch größere Übel erspart. Und genau deshalb neigen die Menschen so sehr dazu, Arbeit zu vermeiden, wenn sie ohne ihre Hilfe glauben, ihre Früchte ernten zu können.

Andere sagen, daß die Arbeit an sich ein Segen ist, daß, abgesehen von den Ergebnissen, die sie bei der Produktion zeitigt, sie den Menschen moralisch und körperlich stärkt und eine Quelle von Glück und Gesundheit ist. All das stimmt völlig und offenbart einmal mehr, wie wunderbar und fruchtbar Gottes Vorsehung ist, wie sie sich ja in allen seinen Werken zeigt. Ja, selbst abgesehen von ihren Ergebnissen bei der Produktion verspricht Arbeit dem Menschen als zusätzliche Belohnung Körperkraft und Seelenheil. Und weil wir sagen, daß Faulheit aller Laster Anfang ist, müssen wir auch erkennen, daß Arbeit aller Tugenden Anfang ist.

Während das alles zutrifft, ändert es doch in keinster Weise weder die natürliche und unwiderstehliche Neigung des menschlichen Herzens noch die Einstellung, die bewirkt, daß wir um der Arbeit willen nicht arbeiten wollen. Wir investieren nicht mehr Mühe in eine Sache, wenn wir sie mit weniger erledigen können. Wir nehmen auch nicht, wenn wir vor zwei mühsamen Aufgaben stehen, die schwerere. Wir sind eher geneigt, das Verhältnis Aufwand zu Ergebnis zu verringern, und wenn wir dabei ein wenig Muße gewinnen, dann wird uns nichts davon abhalten, sie auf Aktivitäten zu richten, die unserem Geschmack mehr entsprechen, weil wir dabei zusätzliche Vorteile erzielen.

Das Verhalten des Menschen ist in der Tat

eindeutig. Immer und überall finden wir, daß er mit Mißbehagen auf Mühe blickt und mit Befriedigung auf Belohnung. Immer und überall sehen wir, daß er soweit möglich die Last seiner Mühen an Tiere, den Wind, Dampf oder andere Naturkräfte abgibt, oder eben leider an seine Mitmenschen, wenn er die Herrschaft über sie erringt. Auf die Gefahr hin, mich zu wiederholen, muß ich aber sagen, daß damit die Arbeit nicht verringert sondern nur auf andere Schultern verlagert wird. Das sollte man nicht vergessen.

Der Mensch, konfrontiert mit einer Auswahl an Schmerzen – die Schmerzen des Wunsches und die Schmerzen der Mühe – und angetrieben durch Eigennutz, sucht also ein Mittel, um beide möglichst zu vermeiden. Und da kommt Raub ins Spiel als die Lösung seines Problems.

Er sagt sich: Es stimmt, daß mir die Mittel fehlen, mir die Dinge für meine Erhaltung und für meine Freude – Essen, Kleidung, Schutz – zu beschaffen, es sei denn, diese Dinge sind vorher durch Arbeit geschaffen worden. Aber sie müssen nicht unbedingt durch *meine* Arbeit geschaffen werden. Sie müssen nur von *jemandem* geschaffen werden, wenn ich nur am längeren Hebel sitze.

Hier liegt der Ursprung des Krieges.

Ich brauche mich nicht lange bei den Folgen aufzuhalten.

Wenn sich die Dinge dahingehend entwickeln, daß ein Mensch oder ein Land arbeitet, während ein anderer Mensch oder ein anderes Land nur

lauert, bereit loszuspringen und die Früchte nach
getaner Arbeit einzuheimsen, dann kann der Leser
sofort erfassen, welchen Verlust an menschlicher
Energie das bewirkt.

Auf der einen Seite war der Räuber nicht in der
Lage, wie erhofft jegliche Arbeit zu vermeiden.
Auch bewaffneter Raub erfordert eine Anstrengung
und manchmal sogar eine gewaltige. Während der
Produzent also seine Zeit darauf verwendet, Dinge
zu schaffen, die Befriedigung erzeugen, benutzt der
Räuber seine Zeit zur Vorbereitung der Mittel, diese
Dinge anderen wegzunehmen. Aber wenn die
Arbeit der Gewalt geleistet oder versucht wurde,
gibt es weder mehr noch weniger Objekte der
Befriedigung. Die Räuber mögen die Wünsche ver-
schiedener Personen befriedigen, aber sie vermögen nicht, eine größere Zahl von Wünschen zu
befriedigen. Somit sind alle Anstrengungen, die der
Räuber auf seine Raubzüge richtet, und auch die,
die er nicht auf die Produktion lenkt, völlig verloren,
wenn nicht für ihn, so doch für die gesamte
Menschheit.

Und das ist noch nicht alles.

In den meisten Fällen erleidet der Produzent
einen ähnlichen Verlust. Es ist eher unwahr-
scheinlich, daß er passiv Bedrohungen abwartet,
ohne Vorsichtsmaßnahmen zu ergreifen. Alle seine
Vorsichtsmaßnahmen   –   Befestigungsanlagen,
Waffen, Munition und Übungen – sind Arbeit, und
zwar für immer verlorene Arbeit, und zwar nicht nur
für den, der in ihnen Sicherheitsmaßnahmen sieht,
sondern auch für alle Menschen.

Aber wenn der Produzent nicht das Gefühl hat, daß er durch doppelte Arbeit stark genug wäre, einer Invasionsdrohung zu begegnen, ist die Lage viel schlimmer und die Verschwendung von menschlicher Energie noch viel größer, denn in diesem Fall steht seine Arbeit ganz still, weil kein Mensch Lust hat zu produzieren, nur um hinterher beraubt zu werden.

Und was die moralischen Folgen angeht, die Art und Weise, in der beide Seiten betroffen sind, so ist das Ergebnis nicht weniger katastrophal. Gott verfügte, daß der Mensch nur gegen die Natur "Krieg" führe, und zwar friedlich, und daß er die Früchte seines Sieges direkt von ihr ernte. Wenn er sich die Natur untertan macht durch das indirekte Mittel der Herrschaft über seine Mitmenschen, dann verfehlt er seine Mission, denn er richtet seine Fähigkeiten falsch aus. Man denke nur zum Beispiel an die Tugend der *Voraussicht*, die Voraus-Sicht auf die Zukunft, die uns bis zu einem gewissen Grade auf den Bereich der *Vorsehung* hebt, denn vorsehen – nach vorne sehen – heißt auch vorsorgen und Ausschau halten. Wie unterschiedlich Produzent und Räuber das Wort doch verwenden!

Der Produzent muß die Beziehung zwischen Ursache und Wirkung lernen. Zu diesem Zweck untersucht er die Gesetze der Welt der Dinge und versucht, sie sich nutzbar zu machen. Wenn er seine Mitmenschen beobachtet, dann zu dem Zweck, ihre Wünsche vorauszusehen und sie in der Hoffnung auf Belohnung zu erfüllen.

Der Räuber beobachtet die Natur nicht. Und wenn er seine Mitmenschen beobachtet, dann nur wie ein Falke seine Beute ausspäht, nämlich wie er sie schwächen und überraschen kann.

Die gleichen Unterschiede lassen sich auch bei den anderen Fähigkeiten beobachten und reichen hinein in das Denken der Menschen.

Bei Raub mittels Krieg handelt es sich nicht um eine zufällige, isolierte oder vorübergehende Erscheinung. Vielmehr handelt es sich um eine sehr weit verbreitete, konstante Tatsache. Nur Arbeit ist noch häufiger.

Man zeige mir einen Ort der Welt, wo nicht zwei Arten von Menschen, die Herrschenden und die Beherrschten, einander übergeordnet wären. Man zeige mir einen Ort auf der Welt, der immer noch von seinen Ureinwohnern bewohnt wäre. Wenn Völkerwanderungen kein Land verschont haben, dann deshalb, weil überall Krieg herrschte.

Die Spuren, die der Krieg hinterlassen hat, sind ebenso überall anzutreffen. Außer Blutvergießen und Beute, zerstörte Gehirne und vernichtete Fähigkeiten hat er überall Narben hinterlassen.

Dem Menschen genügt es nicht, Wohlstand zu rauben, sobald er produziert ist. Er greift nach bereits produziertem Wohlstand, nämlich Kapital in allen seinen Formen. Er hat insbesondere sein Augenmerk auf seine beständigste Form gerichtet, nämlich Grundbesitz. Und nicht zuletzt konzentriert er sich auf den Menschen selbst.

Welch mächtige Störfaktoren diese großen Ereignisse waren, welch Hindernisse auf dem Weg des natürlichen Fortschritts der Menschheit! Wenn wir das Ausmaß bedenken, in dem Arbeit durch Krieg verschwendet worden ist, wenn wir das Ausmaß bedenken, das von dem Produkt der Arbeit in die Hände von wenigen Herrschenden überging, dann können wir gut verstehen, warum die Massen mittellos sind, denn ihre Mittellosigkeit läßt sich heute nicht mit der Annahme von Freiheit erklären.

Aggressive Länder sind auch Aggressionen ausgesetzt. Sie greifen zwar oft an, aber manchmal müssen sie sich auch verteidigen. Wenn sie in der Defensive sind, haben sie das Gefühl, daß Gerechtigkeit auf ihrer Seite steht und daß ihre Sache heilig ist. Dann loben sie Mut, Hingabe, Patriotismus. Aber ach! Sie tragen diese Ideen hinein in ihre Angriffskriege. Was ist dann Patriotismus?

Wenn zwei Gruppen, die eine siegreich und faul und die andere besiegt und gedemütigt, im gleichen Land zusammenleben, wird alles, was Sehnsüchte und Wünsche weckt, von der ersten Gruppe beansprucht. Sie verfügt über Freizeit, über Glitzer, über Liebe zu Kunst, Wohlstand, Prunk, militärischen Pomp und Paraden, Anmut, Eleganz, Literatur, Poesie. Die Beherrschten haben Schwielen an den Händen, hausen in trostlosen Hütten und tragen schäbige Kleidung.

Daraus folgt, daß die Ideen und Einstellungen der Eroberer, immer mit militärischer Überlegenheit verbunden, die öffentliche Meinung bestimmen. Männer, Frauen und Kinder setzen alle das Leben des Soldaten über das des Arbeiters, Krieg über

Arbeit, Raub über Produktion. Die Eroberten teilen auch dieses Gefühl und wenn sie die Unterdrücker besiegen, zeigen sie sich in der Übergangszeit bereit, es im Zaum zu halten. Aber was sage ich! Sie berauschen sich bald an der Nachahmung.

Da der Geist des Raubes ebenso wie der Drang zu produzieren seinen Ursprung im Herzen des Menschen hat, wären die Gesetze der sozialen Welt nie harmonisch, auch in dem engeren Sinne, wenn auf lange Sicht der Drang zu produzieren nicht dazu bestimmt wäre, den Geist des Raubes zu überwinden.

9

IRRUNGEN, WIRRUNGEN

Wo stünde die Menschheit heute, hätten Gewalt, Arglist, Unterdückung und Betrug nie ihre häßlichen Spuren auf menschlichen Transaktionen hinterlassen?

Hätten Gerechtigkeit und Freiheit zwangsläufig Ungleichheit und Monopol gefördert?

Um eine Antwort auf diese Fragen zu erhalten, schien es mir erforderlich, das Wesen menschlicher Transaktionen, ihren Ursprung, ihre Ursache, ihre Folgen und die Folgen dieser Folgen bis hin zum Endergebnis zu studieren. Und damit die Studie Bestand hat, war es notwendig, die zufälligen Störungen auszuschließen, die sich durch Ungerechtigkeit einschleichen, denn, wie jeder zugeben wird, Ungerechtigkeit ist kein fester Bestandteil freier und freiwilliger Transaktionen.

Es läßt sich wohl behaupten, daß die Ungerechtigkeit auf die Welt kommen mußte, daß die Gesellschaft ihr nicht entgehen konnte. Angesichts der Natur des Menschen mit seinen Leidenschaften, seiner Selbstsucht, seiner Unwissenheit, seiner Sorglosigkeit glaube ich das sogar. Folglich müssen wir auch das Wesen, den Ursprung und die Auswirkungen der Ungerechtigkeit studieren.

Trotzdem stimmt es auch, daß die Wirtschaftswissenschaft damit anfangen muß, die Theorie menschlicher Transaktionen unter der Annahme darzulegen, daß sie völlig frei und freiwillig sind, genauso wie die Medizin das Wesen und die Zusammenhänge unserer Körperorgane ohne Rücksicht auf die Störfaktoren darstellt, die sich auf diese Zusammenhänge auswirken.

Wir glauben, daß Leistungen gegen Leistungen ausgetauscht werden. Wir glauben, daß ein Gleichgewicht zwischen den ausgetauschten Leistungen höchst erwünscht ist.

Wir glauben, daß dieses Gleichgewicht sich am ehesten einstellt, wenn Transaktionen freiwillig erfolgen und jedem erlaubt ist, selbst zu urteilen.

Wir wissen, daß der Mensch sich irren kann, aber wir wissen auch, daß er seine Irrtümer zu korrigieren vermag. Und wir glauben, daß, je länger ein Irrtum besteht, man damit rechnen kann, daß er korrigiert wird.

Wir glauben, daß alles, was die Freiheit einschränkt, das Gleichgewicht der Leistungen stört, und daß alles, was das Gleichgewicht der

Leistungen stört, maßlose Ungleichheit schafft, nämlich den unverdienten Reichtum einiger einerseits und die ebenso unverdiente Armut der vielen andererseits, eine damit einhergehende Abnahme im allgemeinen Wohlstand und schließlich Haß, Zwietracht, Streit und Umsturz.

Wir gehen nicht so weit und sagen, daß Freiheit – bzw. die Gleichwertigkeit der Leistungen – absolute Gleichheit hervorbringt, denn wir glauben nicht, daß es beim Menschen etwas Absolutes gibt. Aber wir glauben, daß Freiheit dazu tendiert, alle Menschen näher zusammenzubringen und ihnen einen stetig steigenden Lebensstandard zu gewährleisten.

Wir glauben, daß die Ungleichheit, die bleibt, in einem freien System das Ergebnis zufälliger Umstände oder die Folge von Fehlern oder Lastern ist, oder aber durch nicht in Geld zu bemessende Vorteile ausgeglichen wird und deshalb auch nicht Anlaß zu Unmut gibt.

Kurz, wir glauben, daß *Freiheit Eintracht* bedeutet.

Um aber festzustellen, ob diese Eintracht in Wirklichkeit existiert oder nur ein Hirngespinst ist, ob wir sie wirklich beobachten oder sie uns nur ersehnen, war es nötig, freie und freiwillige Transaktionen einer wissenschaftlichen Untersuchung zu unterziehen. Es war notwendig, die Fakten zu studieren, ihre Wechselbeziehungen und ihre Folgen.

Und genau das haben wir getan.

Obwohl unzählige Hindernisse zwischen den Wünschen eines Menschen und ihrer Befriedigung stehen, so daß er alleine gar nicht überleben könnte, haben wir gesehen, daß durch gemeinsame Anstrengung, durch Arbeitsteilung – mit einem Wort durch Tausch – es ihm möglich war, genügend Ressourcen zu entwickeln, um die ersten Hindernisse zu überkommen, die zweiten anzugehen und auch sie zu überwinden usw. In steigendem Maße und schneller und schneller, da eine größere Bevölkerung den Austausch erleichtert.

Wir haben gesehen, daß seine Intelligenz ihm Mittel zu Verfügung stellt, die immer zahlreicher, mächtiger und effizienter sind, daß, wenn Kapital angehäuft wird, ihr absoluter Anteil an der Produktion steigt, aber ihr relativer Anteil fällt, während bei Arbeit sowohl der absolute wie auch der relative Anteil ständig steigt. Darin liegt der erste und wirksamste Faktor in unserem Fortschritt in Richtung Gleichheit.

Wir haben gesehen, daß das wunderbarste Instrument, nämlich Land, dieses herrliche Labor, in dem alles vorbereitet wird, was uns ernährt, kleidet und schützt, uns kostenlos von unserem Schöpfer überlassen wurde, daß, obwohl nominell in Privateigentum umgewandelt, seine produktive Wirkung nicht angeeignet werden konnte und im ganzen Bereich menschlicher Transaktionen unentgeltlich geblieben ist.

Wir haben gesehen, daß Privateigentum nicht nur die negative Tugend hat, das allen Menschen gemeinsame Reservoir an Gütern nicht anzutasten, sondern positiv und unablässig sogar daran arbeitet, es zu vergrößern. Darin liegt die zweite Quelle der Gleichheit, denn je voller das gemeinsame Reservoir, desto weniger Ungleichheit beim Privateigentum.

Wir haben gesehen, daß unter dem Einfluß von Freiheit Leistungen dazu tendieren, ihren wahren Wert zu bekommen, das heißt einen Wert, der im Verhältnis zur Arbeit steht. Darin liegt die dritte Quelle der Gleichheit.

Wir sind folglich zu der Überzeugung gelangt, daß sich unter Menschen ein natürliches Gleichgewicht einstellt, nicht dadurch daß sie zurück auf eine niedrigere Stufe geschoben werden oder daß sie auf der Stelle treten, sondern daß sie animiert werden zu einem zunehmend besseren Leben.

Und schließlich haben wir gesehen, daß weder das Gesetz des Wertes noch das des Geldzinses, das des Pachtzinses oder das der Bevölkerung oder irgendein großes Naturgesetz auch nur einen Anschein von Zwietracht in die wunderbare Ordnung der freien Gesellschaft bringt, wie das von jenen behauptet wird, die keine Ahnung von der Wissenschaft des Wirtschaftens haben.

An diesem Punkt höre ich so manchen ausrufen: "Das ist ein gutes Beispiel für den Optimismus der Wirtschaftswissenschaftler! Trotz offensichtlicher Not, Armut, Vernachlässigung von Kindern, Kriminalität, Aufruhr, Ungleichheit singen sie fröhlich weiter das Loblied auf den sozialen Frieden und wenden ihren Blick ab von der schrecklichen Wirklichkeit, damit ihre Freude an ihrem System ja nicht gestört wird. Wie die utopischen Träumer, die sie kritisieren, laufen sie weg von der Wirklichkeit und nehmen Zuflucht in einer Traumwelt. Wo die Sozialisten und Kommunisten das Böse noch sehen und anklagen und sich nur lächerlich machen mit den Heilmitteln, die sie der angeblich kranken Gesellschaft verordnen, verneinen die Wirtschaftswissenschaftler die Übel oder spielen sie herunter.

Im Namen der Wissenschaft von der politischen Ökonomie muß ich strengstens solche Vorwürfe zurückweisen. Auch wir sehen die Übel. Auch wir beklagen sie. Auch wir versuchen, ihre Ursachen zu verstehen. Auch wir sind bereit, sie zu bekämpfen. Nur formulieren wir die Frage anders. Die Gesellschaft, sagen sie, wie sie vom System der freien Arbeit und des freien Tausches, also durch das freie Spiel der Naturgesetze, gemacht wurde, ist abscheulich. Daher müssen wir das zerstörerische Rädchen namens Freiheit aus der Maschine entfernen und statt seiner ein anderes Rädchen eigener Erfindung mit Gewalt einbauen.

Daraufhin werden Millionen von sozialen Erfindungen vorgelegt. Das ist nur natürlich, denn Phantasie kennt keine Grenzen.

Nach dem Studium der Gesetze der Vorsehung, die die gesellschaftliche Ordnung regeln, erklären wir: Diese Gesetze sind harmonisch. Sie geben die Existenz von Übeln zu, weil sie einfach zum Menschen gehören. Aber in dieser Ordnung haben Übel auch ihren Auftrag, nämlich den Menschen zu warnen, zu korrigieren, zu erleuchten und somit sich selbst zu minimieren oder ganz zu verschwinden.

Es ist nicht wahr, daß die Menschen frei sind. Es ist nicht wahr, daß die Gesetze der Vorsehung alles richten, auch wenn sie die Folgen von Irrtum und Fehlern nur langsam und unter Schmerzen reparieren. Dennoch sagen wir, es lohnt sich, die Gesetze der Vorsehung zu studieren, sie zu bewundern und sie *frei wirken* zu *lassen*. Entfernen wir die Hindernisse, die sich ihnen in den Weg legen in Form von Gewalt und Betrug, und wir werden unter den Menschen die zwei Anzeichen für Fortschritt finden, nämlich mehr Gleichheit und bessere Lebensbedingungen.

Am Ende ist es das eine oder das andere: entweder die Interessen der Menschen sind harmonisch oder einander grundlegend entgegengesetzt. Unwiderstehlich neigen die Menschen zum Eigennutz. Wenn also die Interessen der Menschen harmonisch sind, müssen sie nur verstanden werden und Harmonie und ein glückliches Leben stellt sich ein, denn die Menschen verfolgen von Natur aus ihr eigenes Interesse. Und deshalb sagen wir: Erlauben wir den Menschen zu verstehen und lassen wir sie frei entscheiden. Wenn aber die Interessen der Menschen von Natur aus gegensätzlich sind, dann stimmt es wohl, daß es keine andere Möglichkeit gibt, Harmonie herzustellen, als durch Zwang, Entmutigung und Durchkreuzen der Interessen aller Menschen. Aber was ist das für eine seltsame Art Harmonie, wenn sie nur durch äußeren Zwang erzielt werden kann, der den Interessen aller zuwiderläuft! Es läßt sich leicht erkennen, daß die Menschen sich nicht einfach entmutigt unterwerfen. Um sie den Plänen und

Anordnungen der Planer zu unterwerfen, müssen die erst stärker als alle anderen zusammen sein. Oder aber es muß ihnen gelingen, sie hinsichtlich ihrer wahren Interessen zu täuschen. Wenn die Interessen der Menschen sich wirklich gegenseitig ausschließen, wäre die glücklichste Lösung für die Menschen, darüber im Irrglauben zu sein.

Zwang und Betrug verbleiben dann als ihre beiden Mittel, und es gibt keine anderen als die beiden.

Ach, das ist unerwünscht? Aber der Gedanke war doch, daß die Menschen gegensätzliche Interessen haben. Deshalb dürfen sie nicht zu einer Verständigung oder Einigung gelangen. Und deshalb keine Freiheit und lieber Willkür. Das ist in sich sogar schlüssig.

Aber Vorsicht! Die Front verläuft nicht nur zwischen den Planern und der Menschheit. Der Konflikt wird auch ausgetragen werden unter den Gesellschaftsplanern. Und davon gibt es tausende und abertausende, alle mit verschiedenen Ansichten. Und was dann? Ich weiß es ganz genau. Alle werden versuchen, den Staat unter ihre Kontrolle zu bringen, denn er allein besitzt genug Macht, jeden Widerstand zu brechen. Und wer wird am Ende den Sieg davontragen? Damit beschäftigt, die Menschen zu entmutigen, wird jeder selbst angegriffen von all den anderen Gesellschaftsplanern. Ihre Chance auf Erfolg steht umso besser, weil die Unzufriedenheit der Öffentlichkeit ihnen hilft, denn der Mann an der Macht, vergessen wir das nicht, hat die Interessen aller verletzt. Die Folge ist eine Flut von Umstürzen, nur um die Frage zu beantworten: wie und von wem werden die Interessen der Menschen durchkreuzt?

Das klingt maßlos übertrieben. Aber all das rührt von der Annahme, daß die Interessen der Menschen unvereinbar sind. Denn auf dieser Grundlage kann es keinen Ausweg aus dem Dilemma geben: entweder bleiben die Interessen der Menschen ihre Sache und es folgt Chaos oder aber es muß ein starker Mann gefunden werden, der ihnen Paroli bietet, wobei es freilich dann immer noch Chaos gibt.

Es ist richtig, daß es einen dritten Weg gibt, nämlich, wie schon gesagt, die Täuschung der Menschen hinsichtlich ihrer wahren Interessen. Und da das für einen Normalsterblichen gar nicht so einfach ist, hilft es, wenn man sich selbst zum Gott macht. Genau diese Rolle spielen die utopischen Träumer, wenn sie an die Macht drängen. In ihren Aussagen überwiegt immer die Unklarheit. Sie ist der Versuchsballon, mit dem sie die Leichtgläubigkeit der Öffentlichkeit testen.

Eigentlich sollte nach dem Gesagten die Aufgabe von Autoren und dem Staat einfach und vernünftig sein.

Da der Mensch seine eigenen Interessen oft falsch einschätzt, besteht unsere Rolle als Autoren darin, ihnen zu erklären, zu beschreiben und einsichtig zu machen, denn wir können sicher sein, daß der Mensch, sobald er sie versteht, ihnen auch folgen wird. Da der Mensch, der sich in seinen eigenen Interessen irrt, auch das allgemeine Interesse verletzt, wird der Staat die Verantwortung tragen müssen, die Minderheit von Abweichlern, die Mißachter der Gesetze der Vorsehung, auf den Weg der Gerechtigkeit und des Gemeinwohls zurückzubringen. In anderen Worten muß es die einzige Aufgabe des Staates sein, die Gerechtigkeit zu verteidigen. Echte Harmonie entspringt nur der menschlichen Natur und bleibt solange bestehen, bis sie vom Staat zerstört wird. Um sie zu erzielen, braucht der Staat sich nicht mühen oder Unsummen ausgeben. Vielmehr braucht er nur individuelle Freiheit sich entfalten lassen.

Von dem Gesagten ist es offensichtlich, daß wir nicht so fanatische Bewunderer sozialer Harmonie sind, um nicht zuzugeben, daß sie gestört werden kann und auch oft gestört wird. Ich muß sogar sagen, daß meiner Meinung nach die Störungen, die blinde Leidenschaft, Unwissenheit und Irrtum in diese bewundernswerte Ordnung bringen, unendlich größer sind und länger anhalten, als gemeinhin angenommen wird. Diese Störfaktoren untersuchen wir gerade.

Der Mensch ist auf diese Erde gekommen. Unwiderstehlich zieht es ihn hin zum Glück und stößt es ihn ab vom Leid. Da seine Handlungen bestimmt werden von diesen Trieben, kann nicht geleugnet werden, daß Eigennutz seine wie aller Menschen große Triebkraft ist. Eigennutz ist in der Wirtschaft die Triebkraft menschlichen Handelns und die gesellschaftliche Triebfeder. Von ihm kommt Böses und Gutes. In ihm müssen sowohl Harmonie als auch ihr Gegenteil angelegt sein.

Eigennutz hat als ewiges Ziel, die Stimme des

Wollens, des Wunsches durch Befriedigung zum Schweigen zu bringen. Zwischen diese beiden Extreme Wollen und Befriedigung, die in ihrem Wesen persönlich und nicht übertragbar sind, greift das übertragbare und austauschbare Mittel der Bemühung.

Und darüber erheben sich Urteilskraft und Vergleich, also die Intelligenz. Aber der menschliche Geist ist fehlbar. Der Mensch irrt. Dieser Umstand läßt sich nicht bestreiten.

Menschen können sich auf mannigfache Weise täuschen. Sie können die relative Bedeutung ihrer Wünsche falsch beurteilen. In einem Zustand der Isolation können sie in so einem Fall ihre Bemühungen so ausrichten, daß sie mit ihren Interessen nicht in Einklang stehen. Wenn sie in Gesellschaft leben und damit unter dem Tauschgesetz, ist das Ergebnis das gleiche: sie schaffen eine Nachfrage und bieten eine Vergütung für Leistungen trivialer und schädlicher Art und lenken menschliche Arbeit in diese Kanäle.

Die Menschen können sich auch täuschen, wenn sie nicht begreifen, daß eine heiß ersehnte Befriedigung zwar einen Schmerz stillt aber damit die Quelle noch größerer Schmerzen wird. Es gibt so gut wie keine Wirkung, die nicht ihrerseits eine Ursache werden kann. Weitsicht wurde uns mitgegeben, damit wir den Zusammenhang zwischen Ursache und Wirkung begreifen können und nicht die Zukunft der Gegenwart opfern. Aber oft fehlt es uns an Weitsicht.

Fehler aufgrund der Schwäche unserer Beurteilung oder der Stärke unserer Leidenschaften ist die Quelle Nummer eins des Bösen. Das gehört in erster Linie in den moralischen Bereich. Da in diesen Fällen Fehler und Leidenschaft individuell sind, ist auch das Übel zu einem gewissen Grad individuell. Nachdenken, Erfahrung und Verantwortung können hier korrigierend eingreifen.

Doch Fehler dieser Art können eine gesellschaftliche Dimension annehmen und sich zu weitverbreiteter Not auswachsen, wenn sie in ein System eingebaut werden. Es gibt z.B. Länder, deren Herrschende fest davon überzeugt sind, daß der Wohlstand einer Nation nicht an der Zahl der befriedigten Wünsche gemessen wird sondern am Aufwand, ganz gleich wie das Ergebnis ausfällt. Die Arbeitsteilung fördert diese Illusion. Da beobachtet werden kann, daß jeder Beruf auf ein Hindernis stößt, stellt man sich vor, daß das Hindernis eine Quelle des Wohlstands ist. Wenn Eitelkeit, Ausschweifung und Leichtsinn die vorherrschenden Leidenschaften sind und wie Wünsche werden und einen Teil des Fleißes eines Landes in diese Richtung verändern, glauben die Herrschenden in diesen Ländern, daß alles verloren wäre, wenn die Beherrschten sich verändern und sich selbst einen höheren moralischen Standard geben sollten. Was würde, sagen sie, mit den Frisören, Köchen, Pflegern, Tänzern geschehen? Sie erkennen nicht, daß das menschliche Herz immer genug würdige, angemessene und legitime Wünsche offenläßt, damit Arbeit gebraucht wird, daß es nie eine Frage des unterdrückten Geschmacks sein kann sondern eine Frage seiner Ausbildung und Veränderung, daß folglich Arbeit, indem sie derselben Evolution folgt, neu zugeteilt aber nie überflüssig wird. In den

Ländern, wo solch dumme Lehren Verbreitung finden, hört man oft sagen: "Zu schade daß Moral und Fleiß nicht zusammengehen. Die Bürger sollten sich moralisch verhalten, aber wir können sie nicht untätig und arm werden lassen. Deshalb werden Gesetze erlassen, die den Luxus fördern. Wenn es sein muß, werden wir die Menschen einfach besteuern. Und in ihrem eigenen Interesse, um ihnen Betätigung zu geben, müssen unsere Politiker, Richter, Diplomaten und Minister dem Prunk frönen." Das wird in bestem Glauben und Gewissen geäußert. Und die Menschen nehmen es mit Anstand hin. Es ist klar, daß, wenn Luxus und Ausschweifung eine Sache für die Gesetzgebung werden, der Staat ein System von Regulierungen, Kontrolle, Zwang errichtet und das Gesetz der Verantwortung seine moralische Kraft verliert.

10

DIE NATÜRLICHE UND DIE KÜNSTLICHE SOZIALE ORDNUNG

Können wir wirklich mit Bestimmtheit sagen, daß die Gesellschaft funktioniert, wie das Universum oder der menschliche Körper allgemeinen Gesetzmäßigkeiten unterworfen sind? Sind wir uns wirklich sicher, daß sie ein harmonisch *organisiertes* Ganzes ist? Oder trifft es nicht vielmehr zu, daß das Augenfälligste an der Gesellschaft gerade das *Fehlen* jeglicher Ordnung ist? Und ist es nicht wahr, daß gerade eine soziale Ordnung von allen Menschen mit guten Absichten und Sorge um die Zukunft am meisten gesucht wird, das Ding, worüber die fortschrittlichen Kommentatoren zum Thema Staat und all die Vordenker am meisten nachdenken? Sind wir nicht einfach ein wirrer Haufen von einzelnen, wo jeder sich den Launen ungezügelter Freiheit hingibt? Erwarten die Massen, nun im Besitz ihrer Freiheiten, nicht die

Ankunft eines großen Genies, das sie zu einem harmonischen Ganzen zusammenschweißt? Nun, da alles auseinandergefallen ist, müssen wir nicht damit anfangen, alles neu aufzubauen?

Läge die Bedeutung dieser Fragen nur darin, ob die Gesellschaft ohne geschriebenes Gesetz, ohne Regulierungen, ohne Unterdrückungsmaßnahmen auskommen kann, ob jeder Mensch uneinge-schränkt Gebrauch machen kann von seinen Fähigkeiten, selbst wenn er die Freiheiten anderer verletzen oder der Gemeinschaft als ganzes schaden würde, ob wir, in einem Wort, in *Laissez faire* die Wunderformel der politischen Ökonomie sehen sollen, dann gäbe es keine Zweifel bezüglich der Antwort.

Wirtschaftswissenschaftler sagen nicht, daß der Mensch töten, plündern, niederbrennen würde, wenn ihn die Gesellschaft nur allein ließe. Vielmehr sagen sie, die Gesellschaft würde sich dagegen wehren, selbst in Abwesenheit staatlicher Gesetze. Folglich ist Verteidigung ein allgemeines Gesetz menschlichen Zusammenlebens. Sie sagen, daß das Zivil- oder Strafrecht dieses allgemeine Gesetz, auf dem es ja beruht, vereinheitlichen muß und nicht verhindern darf. Es ist ein weiter Weg von einer gesellschaftlichen Ordnung auf der Grundlage eines allgemeinen Gesetzes menschlichen Zu-sammenlebens zu einer erdachten künstlichen Ordnung, die dieses Gesetz unberücksichtigt läßt, es verleugnet oder es verhöhnt. Mit einem Wort zu einer Ordnung, wie sie unsere modernen Geistes-schulen uns, wie es scheint, überstülpen wollen.

Wenn es allgemeine Gesetzmäßigkeiten gibt,

die unabhängig von geschriebenen Gesetzen gelten und die lediglich in ihnen vereinheitlicht werden, dann müssen wir diese *allgemeinen Gesetzmäßigkeiten* studieren. Sie können Gegenstand wissenschaftlicher Untersuchung sein und deshalb gibt es ja auch eine Wissenschaft der politischen Ökonomie. Wenn es sich andererseits bei der Gesellschaft um eine menschliche Erfindung handelt, wenn Menschen nur träge Masse sind, der ein großes Genie, wie Rousseau sagt, erst Gefühl und Willen, Bewegung und Leben einhauchen muß, dann gibt es keine Wissenschaft der politischen Ökonomie. Dann kann es nur eine unendliche Anzahl an möglichen zufälligen Verbindungen geben, und das Schicksal ganzer Nationen hängt ab vom Gründer, dem der Zufall ihr Schicksal anvertraut hat.

Ich möchte mich nicht in langen Erörterungen verlieren, um zu beweisen, daß die Gesellschaft allgemeinen Gesetzmäßigkeiten unterliegt. Vielmehr beschränke ich mich darauf, einige Fakten aufzuzeigen, die trotzdem wichtig sind, obwohl sie eigentlich zum Standardwissen zählen.

Leider ist es so, daß wir soziale Phänomene um uns herum aus Gewohnheit nicht mehr wahrnehmen, bis etwas völlig Ungewöhnliches geschieht, wodurch wir dann auf sie aufmerksam werden.

Nehmen wir einen einfachen kleinen Handwerker. Er beschwert sich über seine Stellung in der Gesellschaft, aber was bekommt er für seine Arbeit von ihr! Das steht in keinem Verhältnis zu dem, was er gibt.

Jeden Tag, wenn er aufsteht und sich anzieht, hat er nicht eines der Kleidungsstücke gemacht, die er anzieht. Nun, damit all diese Kleidungsstücke, so einfach sie auch sein mögen, ihm zur Verfügung stehen, bedarf es einer ungeheueren Menge an Arbeit, Fleiß, Transport und genialer Erfindungen. Amerikaner mußten die Baumwolle erzeugen, Inder die Farbstoffe, Franzosen die Wolle, Brasilianer das Leder. Und all diese Materialien mußten erst in verschiedene Städte geliefert werden, um überhaupt bearbeitet werden zu können.

Dann frühstückt er. Damit sein Brot jeden Morgen auf dem Tisch liegt, mußte Ackerland gerodet, eingezäunt, gepflügt, gedüngt, bepflanzt werden. Das Getreide mußte gegen Diebstahl gesichert werden. Ein gewisses Maß an Recht und Ordnung muß bei vielen Menschen herrschen. Das Getreide mußte geerntet, gemahlen, zu Teig und Brot verarbeitet werden. Eisen, Stahl, Holz und Stein mußten industriell in Werkzeuge umgewandelt werden. Einige mußten fossile Energie, andere Wasserkraft ausbeuten, alles Dinge, die jedes für sich genommen eine Unmenge Arbeit nicht nur in Raum sondern auch in Zeit voraussetzen.

Im Laufe des Tages verbraucht derselbe Mann etwas Zucker und Olivenöl und sonst noch ein paar Kleinigkeiten.

Er schickt seine Kinder auf die Schule, damit sie was lernen. Das setzt voraus, daß ihre Lehrer, wenigstens in gewissem Umfang, studieren und forschen und ein Wissen haben.

Er verläßt das Haus und findet die Straße geteert und beleuchtet.

Wenn unser Handwerker verreist, dann sieht er, daß andere, um ihm Unannehmlichkeiten und Zeit zu ersparen, Straßen befestigt und Flüsse überbrückt, Autos hergestellt und Züge gebaut haben.

Es ist unmöglich, nicht überrascht zu sein von dem wahrlich unvergleichlichen Mißverhältnis, das da besteht zwischen der Befriedigung des Mannes, die er von der Gesellschaft erhält und der, die er sich selbst verschaffen könnte, wenn ihm allein seine eigenen Mittel zur Verfügung stünden. An einem einzigen Tag verbraucht er mehr, als er auf sich allein gestellt in einem ganzen Jahrtausend schaffen könnte.

Was diese Sache noch merkwürdiger macht, ist, daß dasselbe für alle Menschen gilt. Jedes einzelne Gesellschaftsmitglied verbraucht ein Millionenfaches von dem, was es alleine hätte erzeugen können. Und doch hat keiner einen anderen beraubt. Wenn wir uns den Sachverhalt näher ansehen, erkennen wir, daß unser Handwerker alle die Dienstleistungen, die er genießt, bezahlt hat. Er hat nichts, wofür er nicht bezahlt hätte, erhalten für seine bescheidene Anstrengung. Alle jene, die ihm je zu Diensten standen, haben ihren Lohn schon erhalten oder werden ihn noch bekommen.

So genial, so überwältigend ist also der soziale Mechanismus, daß jeder Mensch, selbst der kleinste, an einem einzigen Tag mehr bekommt als er für sich allein in vielen Jahrhunderten herzustellen in der Lage wäre.

Und das ist noch nicht alles. Dieser soziale Mechanismus erscheint als noch viel genialer, wenn der Leser seinen eigenen Fall betrachtet.

Ich nehme mal an, daß er einfach ein Student ist. Was macht er in Berlin? Wie lebt er? Niemand bezweifelt, daß ihm die Gesellschaft Lebensmittel, Kleidung, Behausung, Vergnügen, Bücher, Unterricht zur Verfügung stellt, so viele Dinge, deren Herstellung zu erklären schon sehr zeitraubend wäre, geschweige denn ihre eigentliche Produktion. Und im Austausch für all diese Dinge, die so viel Arbeit beanspruchten, soviel Schweiß, soviel Mühe, soviel körperliche und geistige Anstrengung, so viele Warenbewegungen, Erfindungen und Transaktionen, welchen Dienst hat unser Student der Gesellschaft erwiesen? Keinen! Aber er bereitet sich auf diesen Moment vor. Wie kann es dann sein, daß diese Millionen von Menschen, die in positiver, effektiver und produktiver Arbeit engagiert sind, ihm die Frucht ihrer Arbeit überlassen? Hier die Erklärung: Der Vater des Studenten, ein Arzt oder Anwalt oder Geschäftsmann, hat schon Dienste geleistet – vielleicht der chinesischen Gesellschaft – und im Gegenzug dafür nicht unmittelbare Dienste sondern Berechtigungsscheine sozusagen bekommen, die er zu jeder Zeit und an jedem beliebigen Ort einlösen könnte, und zwar in der von ihm gewünschten Art und Weise. Heute bezahlt die Gesellschaft für diese Dienste aus früherer Zeit. Und wenn wir im Geiste die einzelnen Schritte dieser endlosen Kette von Transaktionen durchgehen würden, die notwendig waren, um zu dem Endergebnis zu kommen, sollten wir sehen,

daß jeder für seine Mühe bezahlt wurde, daß diese
"Scheine" von Hand zu Hand gingen, manchmal
aufgeteilt, manchmal gebündelt, bis mit dem Ver-
brauch unseres Studenten zuletzt die Rechnung
aufging. Ist das nicht in der Tat eine höchst
bemerkenswerte Geschichte?

Wir würden unsere Augen den Tatsachen verschließen, wenn wir uns weigerten anzuerkennen,
daß die Gesellschaft solch komplizierte Verbindungen, in denen Zivil- und Strafrecht eine so
unwesentliche Rolle spielen, nicht schaffen könnte,
ohne einem geradezu genialen Mechanismus
unterworfen zu sein. Dieser Mechanismus ist der
Studiengegenstand der politischen Ökonomie.

Noch etwas anderes, was wir nicht vergessen
sollten, ist, daß in dieser wahrlich unermeßlichen
Anzahl von Transaktionen, die sich alle um die
Versorgung eines Studenten für einen Tag drehten,
vielleicht nicht einmal ein Millionstel direkt getan
wurde. Die Dinge, die er heute genossen hat – und
es sind unzählige –, sind die Arbeit von Menschen,
von denen viele längst nicht mehr auf dieser Erde
leben. Und doch wurden sie bezahlt, wie sie es
erwarteten, obwohl der eine, der von ihrer Arbeit
heute profitiert, nichts für sie getan hat. Er kennt sie
nicht, er wird sie nie kennenlernen. Der verehrte
Leser dieser Zeilen hat in dem Augenblick, in dem
er das liest, die Macht, obwohl er sich dessen
vielleicht gar nicht bewußt ist, Menschen aller
Herren Länder und Zeiten für sich in Bewegung zu
setzen. Er läßt Generationen von Verstorbenen und
noch Ungeborenen für seine jetzige Befriedigung
arbeiten. Und diese außergewöhnliche Macht ver-
dankt er dem Umstand, daß sein Vater früher

anderen Dienste geleistet hat, die offenkundig nichts mit denen zu tun haben, die heute arbeiten. Und doch gab es über Zeit und Raum hinweg einen Ausgleich, wo jeder entlohnt wurde und jeder erhielt, was er berechnet hatte.

Hätte wirklich all das geschehen können, gäbe es in der Gesellschaft nicht eine natürliche und *weise Ordnung*, die funktioniert, auch ohne daß wir davon wissen?

Heute reden die Leute viel über die Erfindung einer neuen Ordnung. Ist es sicher, daß jeder Denker, unabhängig davon ob wir in ihm ein Genie erblicken oder einen Experten, eine Ordnung erfinden und erfolgreich aufrechterhalten könnte, die der Ordnung überlegen wäre, deren Ergebnisse oben beschrieben wurden?

Wie sähe die denn aus hinsichtlich ihrer beweglichen Teile, ihrer Federn und ihrer Antriebskräfte?

Bei den beweglichen Teilen haben wir es mit Menschen zu tun, d.h. lernfähigen, denkenden Wesen, die Fehler machen und sie korrigieren und folglich den Mechanismus verbessern oder verschlechtern. Sie sind zu Mühen und Freuden fähig und deshalb nicht nur die Rädchen sondern auch die Federn der Maschine. Sie sind auch die Antriebskräfte, denn die Kraftquelle liegt in ihnen. Sie sind noch mehr, denn sie sind der End- und Daseinszweck des Mechanismus; am Ende müssen die auftretenden Probleme nämlich mit ihren individuellen Mühen oder Freuden gelöst werden.

Nun wurde beobachtet, und leider ergab sich die Beobachtung mehr oder weniger zwangsläufig, daß in Ablauf, Evolution und sogar Fortschritt (für jene, die die Idee des Fortschritts akzeptieren) dieses gewaltigen Mechanismus viele bewegliche Teile zwangsläufig vernichtet wurden, daß für eine große Anzahl von Menschen die Summe ihrer unverdienten Leiden die Summe ihrer Freuden weit überstieg.

Angesichts dieses Umstandes haben viele aufrichtigen und großherzigen Menschen ihr Vertrauen in den Mechanismus verloren. Sie lehnen ihn ab; sie weigern sich, ihn zu studieren; sie greifen die an, oft mit Gewalt, die seine Gesetzmäßigkeiten untersuchen und darlegen; sie rebellieren gegen die Natur der Dinge; sie schlagen vor, die Gesellschaft zu *organisieren*, und zwar nach einem neuen Plan, in dem Ungerechtigkeit, Leiden und Irrtum keinen Platz mehr haben sollen.

Um Himmels Willen, ich werde nicht meine Stimme erheben gegen so offenkundig menschenfreundliche und hehre Absichten! Aber ich würde meine eigenen Überzeugungen verleugnen und mich der Stimme meines Gewissens verschließen, wenn ich nicht sagen würde, daß sie meiner Meinung nach auf dem Holzweg sind.

Erstens verlangt ihre eigene Propaganda von ihnen, das Gute, das die Gesellschaft hervorgebracht hat, zu unterschätzen, den Fortschritt zu verleugnen, alles Schlechte dieser Welt ihm anzulasten und eifrig alle Übel herauszupicken und sie gewaltig zu übertreiben.

Wenn ein Mensch merkt, daß er eine soziale Ordnung entdeckt hat, die sich unterscheidet von jener, die durch die natürlichen Tendenzen der Menschheit entstanden ist, muß er zwangsläufig, damit seine Erfindung akzeptiert wird, die Ergebnisse der Ordnung, die er abschaffen will, in den schlimmsten Farben malen. Deshalb sehen sich die politischen Denker, auf die ich mich beziehe, mit dem merkwürdigen Widerspruch konfrontiert, sagen zu müssen, daß sich die Gesellschaft ständig verschlechtert, obwohl sie andererseits mit Begeisterung und vielleicht sogar Übertreibung den vollkommenen Menschen verkünden. Ihnen zufolge ist der Mensch heute tausendmal schlechter als in früheren Zeiten, im Feudalismus oder unter dem Joch der Sklaverei. Die Welt wurde zur Hölle. Wäre es möglich, sich in die Zeit des 10. Jahrhunderts zurückzuversetzen, dann wäre so eine Behauptung, da bin ich mir sicher, unhaltbar.

Zweitens neigen sie dazu, selbst die grundlegende Triebkraft menschlicher Handlungen, nämlich *Eigennutz*, zu verurteilen, denn sie hat zu so einem Zustand geführt. Wir sollten beachten, daß der Mensch so geschaffen ist, daß er Freuden sucht und Schmerz meidet. Darin liegen zugegebenermaßen alle Übel der Gesellschaft: Krieg, Sklaverei, Monopol, Privileg. Aber diese Quelle nährt auch all die guten Dinge im Leben, denn die Befriedigung unserer Wünsche und die Vermeidung von Leid sind die Beweggründe menschlichen Handelns. Die Frage, die sich dann stellt, ist zu entscheiden, ob diese Triebkraft, die, obzwar individuell, doch so universal ist, daß sie ein soziales Phänomen ist, nicht an sich ein Grundprinzip des Fortschritts ist. Wie dem auch sei, erkennen die Gesellschaftsplaner denn nicht, daß dieses Prinzip, das in der menschlichen Natur angelegt ist, auch in ihrer neuen Ordnung auftaucht und daß sie dort noch größeren Schaden anrichtet als in unserer natürlichen Ordnung, in der die exzessiven Forderungen und der Eigennutz eines Individuums wengstens besser im Zaum gehalten werden durch den Widerstand all der anderen? Diese Autoren legen stets zwei unzulässige Annahmen zugrunde: daß Gesellschaft, wie sie sie fassen, von unfehlbaren Menschen geführt wird, die immun sind gegen das Motiv des Eigennutzes; und daß die Massen solchen Menschen erlauben, sie zu führen.

Schließlich scheinen sich unsere Gesellschaftsplaner nicht im geringsten mit der Umsetzung ihres Programms abzugeben. Wie wollen sie denn Zustimmung zu ihrem System finden? Wie wollen sie andere davon überzeugen, gleichzeitig ihren Grundtrieb all ihrer Handlungen aufzugeben, nämlich den Trieb, ihre Wünsche zu befriedigen und Leiden zu meiden? Um das zu erreichen, müßte man *die moralische und physische Natur des Menschen ändern*.

Um alle Menschen dazu zu bringen, gleichzeitig die gegenwärtige soziale Ordnung, zu der die Menschheit seit ihren Anfängen sich entwickelt hat, wie ein Kleidungsstück, das nicht paßt, abzulegen und statt dessen ein künstlich geschaffenes System anzunehmen, wo die Menschen nur noch Rädchen in einer Maschine sind, gibt es meines Erachtens nur zwei Wege: Gewalt und allgemeine Zustimmung.

Entweder der Gesellschaftsplaner kann Gewalt anwenden, um jeglichen Widerstand zu brechen, so daß Menschen in seinen Händen nach Lust und Laune wie Wachs geformt und gestaltet werden; oder aber er muß durch Überzeugung völlige, ausschließliche, ja blinde Zustimmung erhalten, so daß Gewaltanwendung überflüssig ist.

Ich fordere jeden heraus, mir einen dritten Weg zu zeigen, wie eine kommunistische Gemeinschaft oder eine andere künstliche soziale Ordnung aufgebaut und betrieben werden kann.

Nun, wenn es nur zwei Wege gibt – und wir zeigen, daß beide gleichermaßen unpraktikabel sind –, haben wir damit bewiesen, daß die Gesellschaftsplaner sich Zeit und Ärger sparen können. Visionäre die sie sind, machten sie sich keine Gedanken über die Macht, die nötig wäre, alle Herrscher und alle Völker der Erde sich ihrem Ansinnen zu unterwerfen.

Den Gesellschaftsplanern fehlt die Macht, sich die Menschheit für ihre Experimente zu unterwerfen. Selbst den Mächtigsten unter den Herrschenden mangelt es an Macht, die Menschheit in Gruppen und Kategorien einzuteilen und die allgemeinen Gesetze des Eigentums, des Tausches, der Vererbung und der Familie abzuschaffen, denn der Mensch muß doch berücksichtigt werden.

Da es sich bei Macht um ein Mittel handelt, das außer Reichweite unserer zahlreichen Planer liegt, bleibt ihnen nur der Weg der *allgemeinen Zustimmung*. Das kann auf zweierlei Weise geschehen: durch Überzeugungsarbeit und durch Hochstapelei.

Überzeugung! Ich habe nie gehört, daß zwei Köpfe in jedem Punkt je völlig übereingestimmt hätten, nicht einmal in einem einzigen Wissensbereich. Wie kann man dann erwarten, daß die ganze Menschheit, so vielfältig in Sprache, Rasse, Sitten, weit verstreut über die ganze Erde, überwiegend Analphabeten und dazu verurteilt zu sterben, ohne je den Namen des Reformers gehört zu haben, einstimmig die neue Universalwissenschaft annimmt? Und was würde das alles nach sich ziehen? Ein anderes Arbeits- und Handelsverhalten, andere heimische, zivile und religiöse Beziehungen; kurz, eine Veränderung der physischen und moralischen Natur des Menschen. Und da reden die Leute davon, die ganze Menschheit mit den Mitteln der Überzeugung unter einen Hut zu bringen!

Wahrlich, die Aufgabe erscheint mir gigantisch!

Wenn ein Mensch daherkommt und seinen Mitmenschen sagt: "5000 Jahre lang gab es ein Mißverständnis zwischen Gott und dem Menschen. Seit Adams Zeiten bis zum heutigen Tag war die Menschheit auf dem Holzweg, und wenn sie mir nur zuhören würde, brächte ich sie auf den richtigen Weg. Gott beabsichtigte einen anderen Weg, aber der Mensch verweigerte sich und so kam das Böse in diese Welt. Die Menschheit muß auf meine Stimme hören und umkehren! Sie muß in die Gegenrichtung marschieren! Dann und nur dann wird das Glück allen Menschen scheinen!

Wenn einer so anfängt, sollte er sich glücklich schätzen, wenn er ein paar Jünger findet, die ihm glauben. Aber die ganze Menschheit!

Und dann sind diese Utopien so zahlreich wie die menschlichen Hirngespinste. Es gibt keinen einzigen Planer, der, nach ein paar Stunden allein in seinem Arbeitszimmer, nicht ein neues System aushecken würde. Und jeden Tag wird eine neue Heilsbotschaft übermittelt. Die Menschheit hätte wahrlich allen Grund, vorsichtig zu sein, bevor sie die göttliche Ordnung zugunsten einer der zahllosen Utopien unwiderruflich verwirft. Was würde denn geschehen, wenn sich nach Wahl einer dieser Utopien eine noch bessere zeigen würde? Kann die Menschheit jeden Tag eine neue Grundlage für Eigentum, Familie, Arbeit und Tausch schaffen? Kann sie es sich leisten, jeden Morgen die Gesellschaftsordnung zu ändern?

Außer Gewalt und Überzeugungsarbeit bleibt eigentlich nur noch Hochstapelei, der Bezug auf eine höhere Macht. Wenn ein aufrichtiger Menschenfreund davon überzeugt ist, daß er ein soziales Geheimnis besitzt, mittels dessen seine Mitmenschen alle Freuden dieser Welt uneingeschränkt genießen können; wenn er klar sieht, daß er weder durch Zwang noch durch Vernunft akzeptiert wird, dann bleibt ihm nur noch List; die Versuchung ist für ihn sicher groß. Niemand kann sich dem mystischen Charme entziehen, den fast alle modernen Reformer in ihre Lehren packen.

Aber derartige Bemühungen haben nur eines bewiesen, nämlich daß heutzutage nicht jeder, der ein Prophet sein will, auch einer wird. Umsonst ruft er sich zum Gott aus. Niemand glaubt ihm, nicht die Öffentlichkeit, nicht seine Anhänger und nicht einmal er selbst.

Und welche Rolle spielt die Menschheit? Sie ist nur der Rohstoff, aus dem die Maschine gebaut wird.

Wirklich, was ist das anderes als Arroganz, gesteigert zu Größenwahn! Menschen sind also der Rohstoff einer Maschine, die der Herrscher betreibt und der Staatsgründer entworfen hat. Und der Philosoph weiß es besser und stellt sich dabei erhaben über alle: die Masse, den Herrscher und den Staatsgründer. Er schwebt über der Menschheit, regt sie zum Handeln an, verändert sie, formt sie oder besser lehrt den Staatsgründer, wie er sie anregen, verändern und formen soll.

Freilich muß sich ein Staatsgründer ein Ziel setzen. Er arbeitet mit Menschenmaterial und er muß ihm einen Zweck geben. Da die Menschen ohne Initiative sind und alles von ihm abhängig ist, muß er entscheiden, ob sein Staat auf Handel oder Landwirtschaft gegründet sein soll oder eine Gesellschaft von Barbaren. Hoffen wir, daß er keinen Fehler macht und der Natur der Dinge nicht allzu viel Gewalt antut.

Die Menschen, durch ihre *Zustimmung* zu einer Gruppe, oder vielmehr durch Bildung einer Gruppe nach dem Willen des Staatsgründers, haben da einen eindeutigen Zweck.

Die Menschen müssen dann alles für das Kollektiv tun, um frei zu sein, denn allein darin besteht ihre Freiheit. Sie müssen ständig Wahlen durchführen, ständig auf dem Marktplatz sein. Wehe denen, die Gedanken darauf verschwenden, für ihr Leben zu arbeiten! In dem Augenblick, wo ein einziger Bürger sein Leben in die eigene Hand nimmt, ist alles verloren.

Menschen als Rohstoff, der Herrscher als Maschinenführer, der Staatsgründer als Konstukteur, der Philosoph hoch und mächtig über allen, Betrug als Mittel und Sklaverei als Zweck. Ist das die versprochene Solidargesellschaft?

Was kennzeichnet eine künstliche soziale Ordnung: Beginne mit der Idee, daß Gesellschaft und Natur Gegensätze sind; ersinne Einrichtungen, denen die Menschheit unterworfen werden kann; vergiß, daß die Menschheit ihre Antriebskraft in sich selbst hat; nimm die Menschen als Rohstoff; hauche ihnen Bewegung und Willen, Gefühle und Leben ein; stelle dich unermeßlich weit über die Menschheit. Das sind die allgemeinen Praktiken der Gesellschaftsplaner. Die Pläne unterscheiden sich, aber die Planer sind sich alle gleich.

Sehen wir uns mal das neue Ideal an, das angeblich konkurrenzlos sein soll, die Demokratie. Behauptet sie nicht von sich, *freiwillig* und *fortschrittlich* zu sein.

Aber genau auf dieser Annahme gründet doch die politische Ökonomie, nämlich daß *die Gesellschaft* nichts anderes ist als so ein Beziehungsnetz. Sicher, alles andere als perfekt, weil der Mensch nicht perfekt ist, aber immerhin verbesserungsfähig. Sie bringt Arbeit, Kapital und

Talent in eine engere Beziehung, was zu mehr Wohlstand für alle führt.

Welche Hoffnungen wir auch für die Zukunft hegen, welche Vorstellungen wir haben von den Formen, die der Mensch entdecken mag, um seine Beziehungen zu seinen Mitmenschen zu verbessern, um eine noch gleichmäßigere Verteilung des Wohlstands und Verbreitung von Wissen und Moral zu erhalten, wir müssen doch anerkennen, daß keine Gesellschaftsordnung ohne Intelligenz, Moral, freien Willen und Optimierung bestehen kann. Ohne Freiheit bleibt nichts übrig als eine primitive und armselige Maschine.

Freiheit interessiert uns heute offensichtlich nicht mehr. In unserem Land ist Freiheit außer Mode gekommen, wenn sie denn überhaupt je in Mode war. Und doch muß ich sagen: Wer Freiheit zurückweist, hat kein Vertrauen in die Menschheit. Es gibt Stimmen, die behaupten, Freiheit führe zwangsläufig zu Monopol. Dabei passen die beiden überhaupt nicht zusammen. Es wäre so, als würde jemand sagen, Unterdrückung führe zu Freiheit.

Der Mensch ist schlecht. Das Böse ist die Natur des Menschen. Wer so etwas behauptet, sagt, daß Verschlechterung eine natürliche Tendenz sei. Denken kann nur zu Fehlern und Irrtümern führen. Was nützen dann unsere Schulen, unser Studium und unsere Forschung, unsere Diskussionen? Sie beschleunigen doch nur den Niedergang. Lernen ist Selbstmord! Aber wenn der Mensch so hoffnungslos wäre, wo wollen dann die Gesellschaftsplaner ansetzen? Glaubt man ihnen, dann muß das außerhalb des Menschen geschehen.

Suchen sie den Ansatz in sich, ihrer Intelligenz, ihrem Herzen? Aber sie sind noch keine Götter! Auch sie sind Menschen und rasen deshalb wie alle anderen Menschen auf den Abgrund zu. Rufen sie den Staat an, damit der sich einschaltet? Aber auch der Staat besteht aus Menschen, und wir müßten beweisen, daß der Staat eine besondere Klasse umfaßt, auf die die allgemeinen Gesetze der Gesellschaft nicht angewandt werden können. Solange kein Beweis vorliegt, bleibt auch das Dilemma bestehen.

Verdammen wir deshalb nicht die Menschheit, bevor wir überhaupt ihre Gesetzmäßigkeiten, Kräfte, Energien und Tendenzen studiert haben. Newton sprach, nachdem er das Gesetz der Schwerkraft entdeckt hatte, niemals mehr den Namen des Schöpfers aus, ohne sich das Haupt zu entblößen. So wie der Geist über der Materie ist, so ist die soziale Welt über dem physischen Universum, das Newton verehrte, denn der Himmelsmechanismus kennt nicht die Gesetze, denen er gehorcht. Wieviel mehr haben wir Grund, uns vor der Ewigen Weisheit zu verbeugen, wenn wir den Mechanismus der sozialen Welt betrachten, in dem der Geist Gottes steckt, aber mit dem Unterschied, daß die soziale Welt ein weiteres und erstaunliches Phänomen aufweist: jedes ihrer Atome ist ein lebendiges, denkendes Wesen, dem eine wunderbare Energie mitgegeben wurde, Quelle aller Moral, aller Würde, allen Fortschritts, diese Eigenschaft, die nur dem Menschen gegeben ist:

FREIHEIT

Ende

M. EHRLICH

VERÖFFENTLICHUNGEN
DES AUTORS

M. Ehrlich, Die große Fiktion
M. Ehrlich, Es geht um Alles
M. Ehrlich, Die reine Luft der Freiheit